4,50€

Lilo Beil
Ein feste Burg

Ein Krimi zum Luther-Jahr

CONTE

Meinen Eltern gewidmet.

Bibliografische Information der Deutschen Nationalbibliothek
Die Deutsche Nationalbibliothek verzeichnet diese Publikation
in der Deutschen Nationalbibliografie; detaillierte bibliografische
Daten sind im Internet über http://dnb.d-nb.de abrufbar.

ISBN 978-3-95602-112-1

Das Werk einschließlich aller seiner Teile ist urheberrechtlich geschützt.
Jede Verwertung ist ohne Zustimmung des Verlags unzulässig.
Dies gilt insbesondere für Vervielfältigungen, Übersetzungen, Mikroverfilmungen
und die Einspeicherung und Verarbeitung in elektronischen Systemen.

© Conte Verlag, 2017
Am Rech 14
66386 St. Ingbert
Tel: (0 68 94) 1 66 41 63
Fax: (0 68 94) 1 66 41 64
E-Mail: info@conte-verlag.de
Verlagsinformationen im Internet unter www.conte-verlag.de

Lektorat: Jessica Philippi
Umschlag und Satz: Markus Dawo
Umschlagabbildung: »Jungfrau und Kind« von Antonello da Messina,
via Wikimedia Commons
Druck und Bindung: Faber, Mandelbachtal

Ein feste Burg

Ein feste Burg ist unser Gott,
ein gute Wehr und Waffen.
Er hilft uns frei aus aller Not,
die uns jetzt hat betroffen.
Der alt böse Feind mit Ernst
ers jetzt meint;
groß Macht und viel List
sein grausam Rüstung ist,
auf Erd ist nicht seinsgleichen.

1. Kapitel | Die Nikolauskapelle

»Engelein, Engelein, fliiieg«, riefen Anna und Friedrich Gontard wie aus einem Munde und schwangen das Kind in ihrer Mitte in die Lüfte.

Der Kleine jauchzte vor Vergnügen.

»Noch, noch«, bettelte er.

Das war sein neuestes Wort, und es bedeutete, mehr zu bekommen von etwas Köstlichem, sei es etwas Essbares, ein Spiel oder ein sonstiges Vergnügen. So viel verstand er mit seinen nun beinahe zwei Jahren.

Die Großeltern waren schon ein wenig außer Puste, aber Fredi schaute die beiden aus seinen großen blauen Augen so flehend an, dass sie es nicht übers Herz brachten, das Engelchen nicht noch einmal fliegen zu lassen.

»Das ist eher ein freches Bengelchen«, meinte Gontard.

»Und meine Mutter hätte ihn Putten-Engelchen genannt mit seinem rotblonden Lockenhaar. Schade, dass sie ihn nicht mehr erleben durfte. Sie wäre närrisch gewesen mit einem Urenkel.«

»Na ja, Anna, ich finde, wir sind schon als Oma und Opa närrisch genug mit dem Kleinen«, erwiderte Gontard. »So, und nun ist Schluss, Fredi. Oma und Opa sind müde und müssen sich ausruhen.«

Ohne Quengelei ging Fredi mit festen kleinen Schritten auf eine Bank zu und versuchte, hochzukrabbeln.

Mit dem Reden haperte es bei ihm noch, doch er machte dies durch erstaunliche Geschicklichkeit und einen großen Bewegungsdrang wett.

Anna schob den dunkelblauen Sportwagen des Kindes zur Bank hin und nahm aus der großen Tasche, die reichlich Proviant für einen ausgedehnten Spaziergang enthielt, eine Flasche mit Tee für den Kleinen und für sich selbst und ihren Mann eine Thermosflasche mit Kaffee und zwei Becher.

Die Großeltern genossen die kurze Verschnaufpause, um sich die wunderschöne Landschaft anzusehen. Sie waren vom Dorf Klingenmünster hier hoch gekommen und hatten von der Südseite her die kleine Kapelle passiert, die sich nahe dem Pfalzklinikum und unterhalb der Burg Landeck malerisch den Spaziergängern darbot. Die Kapelle war nun, im Spätsommer 2002, mit einem Gerüst umgeben. Arbeiter waren offensichtlich dabei, das Dach zu reparieren.

»Endlich wird mal etwas getan«, sagte Gontard. »Die schöne Nikolauskapelle hat es nicht verdient, so lange verwahrlost dahinzuvegetieren.«

»Du redest von der Kapelle wie von einem lebendigen Wesen. Typisch Friedrich«, mokierte sich Anna Gontard über ihren sensiblen und kunstsinnigen Ehemann.

»Mach dich nur lustig über mich«, lachte Gontard, der die Lästerreden seiner Frau mit Humor zu nehmen wusste. »Da haben sie schon 1964, glaube ich, den Magdalenenhof abgerissen, und die Kapelle daneben ist seit den siebziger Jahren in Vergessenheit geraten.«

Fredi begann, unruhig zu werden, und Anna holte eine Banane aus der Proviantasche, schälte sie und drückte sie dem Kind in die Hand. Er mampfte genüsslich.

»Mit deiner Pädagogik wird Fredi ein Dickmops«, frotzelte Gontard, doch Anna meinte nur: »So ein Unsinn, er hat erstens seit zwei Stunden nichts mehr zwischen die Zähnchen bekommen, und außerdem verarbeitet er das bei seinem Aktivismus.«

Dann fragte sie: »Magdalenenhof? Davon weiß ich nichts.«
»Das war der Hof beziehungsweise das Winzerhofgut, das direkt an die Nikolauskapelle angebaut war. Die Kapelle ist spätromanisch oder frühgotisch. Es wurde ja vermutet, dass sie als Burgkapelle der Burg Landeck gedient hat und dass später der Magdalenenhof dem Benediktinerkloster Klingenmünster unterstand. Die Kapelle wurde ab dem 18. Jahrhundert als Weinkeller benutzt, also profanisiert, und der Magdalenenhof, dem in mehreren Kriegen übel mitgespielt wurde, war so verkommen, dass man ihn dann abgerissen hat in den sechziger Jahren. Nur die beiden Türpfosten stehen noch, guck, da drüben. Es gibt noch Belege in der Kunst und der Literatur. Zum Beispiel hat Max Slevogt den Magdalenenhof gemalt, und August Becker hat ihn in *Die Pfalz und die Pfälzer* beschrieben.«

»Woher weißt du das alles?«

»Damals, 1957, als ich in Pfaffenbronn ermittelt habe, bin ich einmal hier gewesen. Und dann war in den späten siebziger Jahren der Sexualmord an dem geistig behinderten Mädchen passiert, den wir aufklären konnten. Damals war der Magdalenenhof schon längst abgerissen worden.«

Vom Baugerüst her hörte man Rufe der Arbeiter, und Gontard seufzte: »Hoffentlich machen sie ihre Sache gut und verhunzen es nicht, das schöne Bauwerk.«

»Oje, hier spricht der Antiquitätenfreund. Der Experte, der Bewahrer des Schönen und Guten«, begann Anna wieder zu spötteln, doch dann wurde sie ernst und schloss: »Du hast völlig Recht. Es wäre schade um das Kapellchen, wenn …«

Sie konnte ihren Satz nicht beenden, denn Fredi hatte seine Banane verzehrt und wollte unterhalten werden.

Als spätberufener Opa hat man es nicht so leicht, dachte Gontard, so schön es auch ist, so ein Enkelsöhnchen zu haben. Ich wünschte, ich wäre zehn Jahre jünger. Anna hat es da leichter als relativ junge Oma mit Anfang sechzig.

Die junge Oma hielt den Kleinen auf dem Schoß und las ihm aus einem Pixie-Büchlein vor: *Lisa und Lukas auf der Baustelle.*
»Das ist ja ein bisschen merkwürdig«, bemerkte Gontard.
»Da drüben ist eine Baustelle zum Anfassen, und du liest Fredi aus einem Buch vor. Lass uns doch mal rübergehen.«
Anna setzte das Kind in den Sportwagen und sagte: »Wir gucken uns eine richtige Baustelle an, Fredi.«
»Lukas und Lisa?«
»Ja, wie bei Lisa und Lukas.«
»Ich war nie im Innenraum der Kapelle«, sagte Gontard. »Ich habe nur Fotos gesehen von den beiden gestohlenen Barockfiguren, einer herrlichen Madonna und einer Statue des Heiligen Nikolaus. Die Kollegen haben den Diebstahl nie aufgeklärt, schade, anders als wir von der Mordkommission den Sexualmord.«
Anna war versucht, das große Bedauern in der Stimme ihres Mannes über den unaufgeklärten Kunstdiebstahl zu bespötteln, doch sie verkniff sich den Kommentar.
Ein Handwerker im grauen Arbeitskittel und dunkelblauer Schirmmütze kam auf das Ehepaar zu, das abwechselnd den Kinderwagen schob. Im unverkennbaren heimischen Südpfälzer Dialekt fragte er, ob er helfen könne.
»Dürfen wir mal einen Blick in den Innenraum der Kapelle werfen?«, fragte Gontard.
»Klar doch, warum net?«, war die Antwort des freundlichen Mannes, der die Kappe abnahm. Er stellte sich als Dachdeckermeister Kehrt vor. Der Chef des Betriebs. Wo denn die Herrschaften herkämen? Sie seien doch nicht von hier?
»Nein«, erklärte Anna Gontard, »wir sind keine Einheimischen, aber unsere Tochter und der Schwiegersohn sind vor einem halben Jahr in den Nachbarort, nach Niederzell, gezogen, und wir hüten ab und zu das Enkelkind. Das ist natürlich prima, dass wir dadurch nun öfter in die schöne Südpfalz kommen. Wir wohnen im vorderen Odenwald. Bei Weinheim.«

Ja, dachte Gontard, es war eine wundervolle Fügung des Schicksals, dass Lilli nun in Landau als Lehrerin arbeitete und Fabrice in Wissembourg eine Anwaltspraxis hatte.

Am Max-Slevogt-Gymnasium unterrichtete Lilli Kunst und Französisch und fühlte sich wohl. Fabrice Tavernier, der französische Schwiegersohn, hatte ein lukratives Angebot in Wissembourg bekommen, und so war die kleine Familie vom lothringischen Courcelles weggezogen und hatte sich im Dorf Niederzell an der südlichen Weinstraße ein altes Haus gekauft.

Der freundliche Dachdeckermeister hob den kleinen Fredi hoch und zeigte auf eine Wandmalerei in Rot und Grün an der Nordseite der Chorwand.

»Do, guck emol, Klääner«, sagte er in seinem gemütlichen Dialekt.

»Das ist wohl der heilige Nikolaus«, vermutete Gontard.

Das Fresko war reichlich verblasst.

»Und daneben die kleine kniende Männergestalt und der Schriftzug Anselm: der Schutzpatron der Kapelle und die Stifterfigur.«

Erstaunt fragte Herr Kehrt, ob Gontard Kunsthistoriker sei.

Anna war schneller mit der Antwort als ihr Mann: »Mein Mann ist Hobby-Antiquitätenexperte, aber eigentlich war er der Chef der Ludwigshafener Kripo.«

»Opa Kripo«, krähte ganz stolz von oben herab der kleine Fredi.

Wieder ein neues Wort, das er gelernt hatte. So erstaunt, ja fast erschrocken war der Dachdeckermeister, dass er Fredi abrupt und fast ein wenig unsanft auf den großen kalten Steinplatten der Kapelle absetzte. Dann fragte er zögerlich, ob der Herr Kripochef denn damals auch ermittelt habe, als in den siebziger Jahren das Mädchen ...

Er stockte verlegen.

»Ja, das war ein schlimmer Fall«, antwortete Gontard. »Aber zum Glück waren wir erfolgreich. Das sind wir nicht immer.«

Ja, da gäbe es bestimmt noch den einen oder anderen ungelösten Fall, vielleicht auch hier in der Gegend, meinte Herr Kehrt, und kein Hahn krähe mehr danach.

Er wechselte das Thema. Die undichten Stellen im Dachstuhl, das war arg. Der Wasserschaden am Dach, eine große Herausforderung. Aber er und seine Leute bekämen das schon in den Griff. Und ein Glück, dass das Wetter so mitspielte. Ein Spätsommer wie im Bilderbuch. Aber die armen Leute »von drüben«. Das Hochwasser, und wo die Ostdeutschen doch erst alles so schön hergerichtet hatten.

»Ja, das Hochwasser an der Elbe ist wirklich schlimm«, stimmte Anna zu. »Ein Albtraum ist so was.«

Herr Kehrt meinte, das sei aber andererseits prima, wie die alle zusammenhielten. Und unser Herr Bundeskanzler Schröder. Na, er habe ja vom Schröder nicht viel gehalten, aber dann waren da die Bilder im Fernsehen. Der Bundeskanzler im sächsischen Grimma und in seiner grünen Wetterjacke und den Gummistiefeln. Ein ganzer Mann, der sogar selbst mit angepackt hatte. Hut ab.

Der kleine Fredi begann, unruhig zu werden. Die Gespräche der Großen langweilten ihn.

»Mama und Papa und Bemmi.« Bemmi, das war Belami, der braune Spanielmischling von Oma und Opa. Er war in Niederzell geblieben, denn er war etwas in die Jahre gekommen und war für den längeren Spaziergang, den die Gontards geplant hatten, zu schwach, zumal es ja nun bergauf gehen sollte.

»Danke, dass Sie sich die Zeit genommen haben für das Gespräch, Herr Kehrt«, sagte Gontard. »Vielleicht trifft man sich mal wieder.«

Daraufhin kratzte sich der Dachdeckermeister am Kopf, setzte sich grinsend die dunkelblaue Mütze auf den Kopf und ging wortlos in Richtung Gerüst. Er drehte sich noch mal um und schnippte zum Gruß an seiner Kappe.

Als das Ehepaar Gontard sich mit dem Enkel schon in einiger

Entfernung von der Kapelle befand, rief von ganz oben eine Stimme etwas zu der Gruppe hinunter.

»Was hat er da denn gerufen, der liebe Herr Kehrt?«, wollte Gontard, dessen Gehör nicht mehr das allerbeste war, wissen.

»Er hofft, dass wir da oben an der Burg im Wald keine Leiche finden.«

Fredi hatte das Wort »Burg« aufgeschnappt. Anna hatte ihm erst gestern eine Ritterburg im Bilderbuch gezeigt. Nun wies sie nach oben, wo die Stauferburg Landeck aus den Bäumen herausragte.

»Burg, ja, ja. Burg«, rief das Kind. Ein neues Wort.

Anna und Friedrich Gontard nahmen den Kleinen in ihre Mitte und schwangen ihn hoch in die milde angenehm frühherbstliche Luft.

»Engelein, Engelein, fliiieg.«

Fredi quietschte vor Vergnügen.

»Noch, noch. Oma. Opa. Noooch.«

Ein schöner Tag, dachte Gontard.

So sollte es immer sein, dachte Anna Gontard. Wunderbar, solch ein kleines Putten-Engelchen zu haben. Und früher habe ich mich insgeheim über unsere närrischen Bekannten mokiert, die mit begeisterten Berichten über ihre Enkel und mit deren Fotos genervt haben. Alles Wunderkinder. Aber ich kann es nicht leugnen: Omasein ist ein schönes Hobby.

Und sie setzte Fredi in den blauen Sportwagen und schob ihn energisch bergan.

2. Kapitel | Der Mann mit der Baskenmütze

Der Weg zur Burg Landeck hoch erwies sich als steiler und länger und anstrengender als erwartet. Während Anna kraftvoll den Wagen mit dem Enkelsohn schob, war ihr Mann hinter ihr doch ziemlich am Schnaufen. Der beträchtliche Altersunterschied machte sich bemerkbar.

Sie mussten mehr als einmal pausieren, was Fredi zugutekam, der dann kurz aussteigen durfte und Steinchen, Stöckchen, Schneckenhäuser und andere Schätze am Wegrand entdeckte.

Etwas oberhalb des Wegs stand eine Bank, aber sie war schon besetzt. Ein alter Mann, schwarz gekleidet und mit einer Baskenmütze auf dem Kopf, saß da und war in ein Buch vertieft. Er schaute nicht hoch und reagierte nicht auf das laute Grüßen des Ehepaars Gontard.

»Der sieht aus wie ein ehemaliger Lehrer oder Pfarrer oder wie ein Künstler«, flüsterte Anna zu ihrem Mann hin.

»Wieso das? Du hast aber manchmal Ideen.«

»Na ja, dieses dunkle Outfit und die Baskenmütze, das tragen pensionierte Pfarrer und Lehrer oft, zumindest die ganz alten, und dann das Buch …«

»Jetzt sagst du gleich, es ist eine Bibel, oder?«

»Dafür ist das Buch zu klein, würde ich sagen«, antwortete Anna, indem sie den Spott in der Stimme ihres Mannes ignorierte.

»Vielleicht ist er ja ein ehemaliger Bäcker oder ein Handelsvertreter oder Weinhändler?«

»Mach dich nur lustig über deine Frau, aber ehrlich. Der Mann erinnert mich an jemanden aus der Vergangenheit.«

»Nanu, normalerweise bin doch ich derjenige, der immer Ähnlichkeiten zwischen irgendwelchen Leuten feststellt. Und wer mokiert sich darüber, seit wir verheiratet sind?«

»Du hast Recht. Wahrscheinlich ist alles nur Einbildung. Außerdem: Ich weiß nicht einmal, an wen der Mann mich erinnert. So, und nun zur Landeck. Es ist schon spät geworden mit unserem Plausch in der Nikolauskapelle.«

So klein Fredi noch war, so sehr begeisterte ihn die Burg.

»Und in einem Jahr wird er noch mehr davon haben«, sagte Anna. »Wenn er die Ritter und die Burgfräulein in seinen Bilderbüchern entdeckt und sich nicht mehr vor Drachen fürchtet.«

Lilli hatte für Fredi eine Gutenachtlampe mit einem Drachenmotiv gekauft, und die Lampe hatte Schatten an die Wände des Kinderzimmers geworfen. Fredi war davon alles andere als begeistert gewesen, und Lilli hatte die Lampe umgehend zurückgebracht. Doch hier gab es keine fürchterlichen Drachen, sondern ein Eis für den Kleinen und für die Großeltern Kaffee und Kuchen im Burgrestaurant.

Bergab machten sich die Kniebeschwerden bei Gontard bemerkbar. Jedes Jahr mehr, das man auf dem Buckel hat, merkt man, dachte er, doch er verkniff sich einen Kommentar. Der da oben sitzt ja immer noch auf seiner Bank. Der ist noch ein paar Jahre älter als ich, würde ich vermuten. Ob ich mal hochgehen und ihn ansprechen soll?

Anna drängte zum Weitergehen, zumal das »Putten-Engelchen« begann, sich eher wie ein Teufelchen zu benehmen.

»Mama. Papa. Bemmi«, rief er und fing an, vor sich hin zu weinen.

Unten vom Dorf her ertönte das Abendläuten. Sechs Uhr.

»Komm, Friedrich, Lilli wartet bestimmt schon mit dem Abendessen.«

Beim Abstieg, so rasch er nun auch absolviert wurde, gab es dennoch immer wieder Gelegenheit, kleine Ausblicke auf die wunderschöne Gegend rund um Klingenmünster zu erhaschen.

Die Dächer des Dorfs erstrahlten in der spätsommerlichen Sonne, man erkannte das Kloster und die Kapelle und in der Ferne die in Weinberge eingebetteten Nachbardörfer. Die Blätter der Rebstöcke begannen sich schon zu verfärben. Es leuchtete in Gold und Purpurrot. Herbst lag in der Luft.

Ein Sonnenstrahl fiel auf das gelockte Haar des Kindes im Sportwagen. Wie Lilli, dachte Anna. Blond mit einem leichten Stich ins Rötliche.

Am Parkplatz angekommen, warf Gontard unwillkürlich einen Blick zurück auf den bewaldeten Berg mit der Burgruine und blieb an der Stelle hängen, wo er den alten Mann auf der Bank vermutete. Er öffnete die Wagentür, und während Anna den Kleinen hinten auf dem Kindersitz verstaute, griff er ungewohnt nervös ins Handschuhfach, wo er seine Zigarillos aufbewahrte. Aber nein, er hatte es Lilli und Fabrice versprochen, nicht zu rauchen, solange das Kind in der Nähe war. Er rauchte nur noch, wenn er alleine war, zum Beispiel beim Autofahren oder beim Lesen, oder in Gegenwart von Anna, die, selbst Nichtraucherin, sich gerne über die heutigen fundamentalistischen »Non-Smoker«-Fundamentalisten amüsierte.

Ein letzter prüfender Blick hoch zum Wald, und Gontard startete das Auto. Als sie am Klingbach entlang die Ortsmitte von Klingenmünster durchfuhren, kamen sie am Denkmal des pfälzischen Schriftstellers August Becker vorbei, dessen in hellem Stein gemeißelte Büste mit dem bärtigen Gesicht oben auf einem Brunnen thronte.

Der Renaissance-Erker und die blumengeschmückte Wand des feudalen Weinguts boten mit dem Denkmal zusammen einen malerischen Anblick.

»Da, guck mal, Anna, der August Becker, der den Magdalenenhof und die Nikolauskapelle beschrieben hat. Die Pfälzer haben ihren Dichter, der wie kein anderer diese schöne Gegend hier besungen hat, gar nicht wahrgenommen zu Lebzeiten.«

»Ja, ich weiß«, sagte Anna. »Ein tragisches Künstlerschicksal. Der Prophet gilt halt nichts im Vaterland. Es ist schon was dran an dem alten Spruch.«

»Bei der Beerdigung von August Becker soll ein Freund des Dichters gesagt haben, dass er an gebrochenem Herzen gestorben sei.«

»Ein bisschen pathetisch, oder?«, meinte Anna, die das Leben von einer weniger emotionalen Seite sah als ihr sensibler Mann.

»Meine Haare werden grau«, sagte sie unvermittelt mit einem Blick in den kleinen Spiegel der Sonnenblende. Sie hatte mal wieder den Übergang ins Heute geschafft mit ihrer Bemerkung.

»Ach, das ist doch egal«, erwiderte Gontard und schaute seine Frau von der Seite her liebevoll an: »Das wäre ja auch ungerecht, wenn nur ich alt würde.«

»Mama, Papa, Bemmi«, rief es ungeduldig vom Kindersitz her.

Gontard bog am August-Becker-Denkmal links in die Bahnhofstraße ein und fuhr am ehemaligen Kloster mit der katholischen Kirche St. Michael und am Stift Keysermühle hoch und an der Napoleonsbank vorbei Richtung Heuchelheim. Seine Gedanken waren noch bei dem alten Herrn auf der Bank nahe der Burg und beim Dichter August Becker.

»Wenigstens ehren sie ihren Dichter heutzutage. Nach über hundert Jahren nach seinem Tod.«

»Ja, ein Museum und ein Denkmal sollen es dann richten«, bemerkte Anna trocken. »Aber besser spät als nie.«

Das Dorf Niederzell war in Sicht. In der Mühlgasse am Klingbach angekommen, klatschte Fredi laut in die Hände und war nicht mehr zu bändigen.

»Bemmi«, rief er, und »Mama und Susel.«

Hund Belami und Lilli standen schon erwartungsvoll am steinernen Hoftor der historischen ehemaligen Mühle. Oben auf dem

Torpfosten, der mit einem großen steinernen Pinienzapfen gekrönt war, turnte die rot-weiß-schwarze Katze Susel, eine sogenannte Glückskatze, herum. Sie scherte sich nicht um die Neuankömmlinge. Sie hatte im dichten Gebüsch am Klingbach eine fette Maus entdeckt und stürzte sich vom Torpfosten aus jäh auf ihre Beute.

Fredi bekam zum Glück die blutrünstige Szene nicht mit, abgelenkt von »Bemmi«, der ihn nach Hundeart überschwänglich begrüßte und vor lauter Begeisterung seine Hundearthrose vergaß.

»Fabrice hat noch in Wissembourg zu tun. Wir sollen schon mal anfangen mit dem Essen und nicht extra auf ihn warten«, sagte Lilli und schloss den kleinen Sohn in die Arme.

»Wir essen draußen, solange es noch geht. Die letzten schönen lauen Abende muss man ausnutzen. Ich hab schon gedeckt. Es gibt Flammkuchen und Rucolasalat.«

»Colasalat«, krähte Fredi. Er hatte schon wieder ein neues Wort gelernt.

Nach dem Abendessen, das Gontard sehr unkonzentriert zu sich nahm, und nachdem der kleine Fredi endlich ins Bett gebracht und eingeschlafen war, sagte Anna: »Wie Lilli damals. Die hat auch immer einen solchen Zirkus veranstaltet, wenn sie schlafen sollte.«

Sie schaute in Erinnerungen versunken vor sich hin, plötzlich rief sie: »Apropos Vergleiche. Nun ist es mir eingefallen. Der alte Mann auf der Bank im Wald heute Nachmittag. Der hat mich an Luther erinnert.«

»Nein, Anna. An Dr. Martinus Luther, unser aller großen Reformator? Das ist doch absurd. Da hat es doch etwas an, na ja, an Leibesfülle gefehlt, und so alt wie der Mann auf der Bank ist Luther doch nicht geworden.«

»Nein, nicht an den Reformator, sondern an unseren Religionslehrer damals in der Nordpfalz. Der hat einen ausgesprochenen Lutherfimmel gehabt und hat uns mit Daten aus Luthers Leben getriezt. Wir erfuhren alles aus seinem Leben und konnten alle Jahreszahlen vorwärts, rückwärts und seitwärts herbeten.

Die Lebensdaten 1483 bis 1546. 1517: die 95 Thesen, die er an der Schlosskirche zu Wittenberg anschlug. Der Reichstag zu Worms 1521, seine Heirat mit Katharina von Bora 1525 ...«

»Stopp«, rief Gontard. »Das reicht. Beeindruckend, muss ich schon sagen.«

»Ach, das ist nur ein Bruchteil dessen, was man uns eingetrichtert hat«, sagte Anna. »Dass ich Luther immer noch schätze, ist ein Wunder.«

»Wie hieß dein alter Religionslehrer denn?«

»Gottlieb Schellhorn. Aber er ist mir doch eher als ›Luther‹ in Erinnerung, sein Spitzname war das. Er trug damals schon eine Baskenmütze wie ein älterer Herr, dabei musste er erst um die vierzig gewesen sein. Die Baskenmütze hat mich vielleicht an den Schellhorn erinnert. Aber es sind ja wahrscheinlich nur Hirngespinste.«

»Anna, bist du mir böse, wenn ich jetzt noch mal wegfahre? Zur Landeck hoch? Es lässt mir keine Ruhe.«

Es war eine rhetorische Frage, denn Gontard war schon verschwunden. Anna stand kopfschüttelnd auf und räumte den Tisch ab. Kurz darauf hörte sie, wie ein Auto davonbrauste.

Oben vom Kinderzimmer her erklang Lillis Stimme. Fredi war entweder doch noch nicht eingeschlafen oder schon wieder aufgewacht.

»*Schlaf, Kindlein, schlaf*«, sang Lilli. Ihre Stimme klang etwas genervt. Dazwischen fröhliches Kinderlachen. Fredi hatte es sich wieder anders überlegt mit dem Einschlafen.

Fast ein wenig schadenfroh grinste Anna vor sich hin und dachte, dass sich doch alles im Leben früher oder später rächt.

Und welches Unheil Friedrich wohl wieder gewittert hatte? Einmal Kripochef, immer Kripochef. Hinter jeder Ecke vermuten diese alten Spürnasen ein Verbrechen.

»*Die Mutter schüttelt's Bäumelein,*
fällt herab ein Träumelein,
schlaf, Kindlein, schlaf.«

Nun scheint er aber endlich eingeschlafen zu sein, dachte Anna. Eine müde Lilli kam langsam die Holztreppe heruntergeschlurft und ließ sich neben ihrer Mutter aufs Sofa plumpsen.

»War ich auch mal so anstrengend als Kind früher, Mama?«

»Mindestens, wenn nicht noch anstrengender«, war die lakonische Antwort.

»Ich hab immer mehr Hochachtung vor dir, Mama. Aber wo ist Papa eigentlich?«

»Nur mal eben auf der Pirsch. Nach einem alten Herrn gucken, der oben an der Burg auf einer Bank saß, als wir vorbeigingen. Und auf dem Rückweg immer noch dort saß wie festgewurzelt.«

Lilli wollte eine Frage stellen, aber die Tür ging auf und Fabrice trat ein.

Er begrüßte zuerst seine Schwiegermutter und gab der *chère maman* einen Kuss. Dann ging er auf Lilli zu und nahm sie in die Arme.

»Wie war dein Tag, *chérie*?«, fragte er, doch ein Blick auf seine ermüdete Frau, und er fügte hinzu: »*Pauvre Lilli, Frédéric était énervant?*«

»Ja, Fabrice«, antwortete Anna an Lillis Stelle, »er war ziemlich anstrengend. Aber das war früher nicht anders, als Lilli klein war.«

Alle lachten, und dann fragte Fabrice nach dem *cher papie*, dem lieben Opa.

»Der ist auf Verbrecherjagd oben auf der Burg Landeck«, erklärte Anna.

»*Quelle blague*«, lachte Fabrice.

»Nein, es ist kein Scherz, fürchte ich, er wittert mal wieder Unheil und ist noch mal weggefahren, um nach einem alten Herrn zu sehen, der heute Nachmittag allein im Wald unterwegs war.«

Fabrice wollte noch etwas fragen, aber von oben hörte man ein fröhliches Rufen: »*Papa, papa, Fredi fait dodo.*«

Das zweisprachig erzogene Kind war wieder aufgewacht.

»Oh, wenn er nur endlich Heia machen würde«, sagte Lilli. »Aber er hat nach dir verlangt, ganz deutlich. Pack mal dein Repertoire an französischen Wiegenliedern aus.«

Damit schubste sie Fabrice die Treppe hinauf.

Von oben hörte man bald darauf eine dunkle wohlklingende Männerstimme singen: »*Au clair de la lune* ...«, begleitet von munterem Kinderlachen.

Fabrice versuchte es mit einem anderen Schlaflied: »*Fais dodo, Colas, mon p'tit frère.*«

Bei »*papa est en bas qui fait du chocolat*« war Fredi endlich eingeschlafen.

Er träumte bestimmt von Schokolade.

3. Kapitel | Teresa

Die hübsche weizenblonde junge Frau im geblümten Kleid wäre fast über eine Wurzel gestolpert. Sie verlor einen Schuh, zog ihn hastig an und rannte weiter bergan. Unter ihr lag das Dorf.
   Die letzten Strahlen der Abendsonne fingen sich im Rosettenfenster der kleinen Kapelle und ließen die Scheiben rötlich aufblitzen.
   Der Blick der jungen Frau ging zur Burgruine hin. Ihr Herz klopfte wie wild, ihr Atem ging keuchend. Sie fasste sich an die Seite, wo ein stechender Schmerz ihr fast die Besinnung raubte. Ihre Gedanken überschlugen sich. Ihre Gefühle, ein Wirrwarr aus Reue und Angst, nahmen ihr fast die Luft. Zu dem Gemisch aus Angst und Reue kam nun aber eine große Wut. Ein Riesenzorn auf diesen uralten Mann, der ihr das Leben zur Hölle machte, sie demütigte und beschimpfte von früh bis spät. Sie konnten ihr noch so sehr sagen, dass dies alles nicht aus Bosheit geschah. Er war fast 91 Jahre alt und hochgradig dement, wie seine eigene Tochter, Frau Dietgard, es ausdrückte. Und manchmal nannte sie die Krankheit auch Alzheimer.
   Dabei war er gar nicht krank, der alte Mann, den sie seit vielen Wochen pflegte. Seine Beine vor allem funktionierten wie die eines viel jüngeren Mannes. Ständig wollte er das Haus verlassen, nichts hielt ihn in der Wohnung. Frau Dietgard hatte ihr strengstens befohlen, immer darauf zu achten, dass die Türen verschlossen waren,

damit ihr Vater nicht ausrücken konnte. Viele neue deutsche Wörter hatte sie nun in den fünf Wochen gelernt, seit sie in Deutschland war. Dabei war sie der Sprache doch einigermaßen mächtig. Ihre Großmutter war ihr eine gute Lehrerin gewesen, und je älter sie wurde, desto öfter sprach sie mit der Enkelin Deutsch.

»Man weiß nie, wie man es mal braucht, die Zeiten ändern sich und die Türen zum Westen stehen uns offen«, hatte sie gesagt, die kluge alte Frau.

Einige jüngere Familienmitglieder arbeiteten in England, Holland, Irland. Nur Teresa wollte nach Deutschland. Sie wusste selbst nicht genau, warum, aber es lag wohl an der Sprache, die ihr gefiel.

Die Sonne versank hinter der Haardt, und in Teresa wuchs die Angst.

Noch nicht einmal die Hälfte ihrer Zeit in Deutschland war vergangen. Eine illegal verbrachte Zeit, denn sie arbeitete in der Grauzone der Pflegekräfte wie viele andere Frauen aus Polen. Wenn dem alten Mann nun etwas zugestoßen war? Ihr Blick ging wieder ängstlich zur Burgruine hoch. Sie hätte gleich darauf kommen können, ihn hier zu suchen. In seinem Wahn, einem letzten Aufflackern von Erinnerung, bevor er in das absolute Nichts eintauchen würde, trat er immerzu ans Fenster seines Zimmers und schaute zur Burg Landeck hoch. Dabei sang er mit seiner brüchigen Altmännerstimme jedes Mal die gleichen Liedzeilen:

Ein feste Burg ist unser Gott,
ein gute Wehr und Waffen.

Und manchmal waren noch andere Bruchstücke des Lieds zu hören:

Der altböse Feind, mit Ernst er's jetzt meint.
Viel Macht und viel List, sein grausam Rüstung ist.
Auf Erd ist nichts seinsgleichen.

Im Zimmer des alten Mannes, das Frau Dietgard »Studierzimmer« nannte, hingen mehrere Bilder, die einen ziemlich dicken Mann in altertümlicher Tracht darstellten. Frau Dietgard hatte ihr einmal erklärt, wer der dicke Mann war. Es war Martin Luther, der Reformator.

Der Name weckte in Teresa ein ungutes Gefühl. Martin Luther – war das nicht der Mann gewesen, der die Katholiken hasste, der den Papst nicht als Oberhaupt der Kirche anerkannte und der dafür verantwortlich war, dass die Christenheit sich gespalten hatte in zwei verfeindete Lager, und das vor vielen hundert Jahren?

Frau Dietgard hatte Teresa einen zweiten strengen Befehl außer dem des Türenabsperrens erteilt. Sie durfte nie, aber wirklich niemals ihrem Vater gegenüber nur ein einziges Sterbenswörtchen davon sagen, dass sie katholisch war. Er würde sich weigern, von Teresa gepflegt zu werden. Nie durfte sie in seiner Gegenwart die Hände gegeneinander legen im Gebet, wie Katholiken es tun, nie sich bekreuzigen, nie *Heilige Maria Mutter Gottes* sagen, wie sie es einmal getan hatte. Der alte Mann war ganz unruhig geworden und hatte begonnen, herumzuschreien. Teresa hatte in den ersten Tagen ihrer Ankunft in Deutschland in ihrem kleinen Zimmer ein Kruzifix aufgehängt mit einem Weihwasserkessel darunter und einem kleinen grünen Buchszweig darin. Dazu das Madonnenbild, das sie am meisten liebte: die Madonna des italienischen Malers Raffael aus der Sixtinischen Kapelle. Die Himmelsmutter und das Kind blickten so traurig drein, dass Teresas Heimweh wuchs. Ihr Heimweh nach Tschenstochau nahe ihrem Dörfchen und nach dem wundertätigen Bild der Schwarzen Madonna. Deshalb war sie beinahe erleichtert gewesen, als sie dieses Bild zusammen mit dem Kruzifix und dem Weihwasserkesselchen entfernen musste.

»Mein Vater lebt in einer anderen Welt. Er verliert zwar die Erinnerung nach und nach, aber es gibt Reste in seinem kranken Kopf.«

So hatte Frau Dietgard ihr erklärt.

»Er hat zwar schon immer in seiner eigenen Welt gelebt, aber die Krankheit hat alles noch verschlimmert. Er lebt in seiner längst vergangenen Pfarrerswelt, und sein Idol Martin Luther beherrscht ihn immer noch, selbst im Hindämmern.«

Noch mehrere Wochen würde sie den alten Mann pflegen müssen, und sie wusste schon jetzt, dass sie nie wieder eine Pflegetätigkeit in Deutschland übernehmen würde. Es war nicht das Unappetitliche an der Pflege, sie war das ja gewöhnt, denn schon zwei Familienmitglieder hatte sie zuhause in Polen gepflegt bis zuletzt.

Die Großtante und der Großvater waren, wie man in Deutschland sagen würde, Pflegestufe 3 gewesen. Ans Bett gefesselt durch Parkinson und einen Schlaganfall, dabei aber geduldig und vor allem klar in ihren Gedanken.

Ihr deutscher Pflegefall aber forderte ihr das Äußerste ab: Geduld, Nachsicht, Verstehen und Verzeihen, denn er beschimpfte sie mehrmals am Tag als »Polenhure« oder »Russenweib« und hatte auch schon versucht, sie zu schlagen.

Frau Dietgard hatte das sonst übliche Honorar für Pflegerinnen aufgestockt, um Teresa zum Bleiben zu bewegen. Der alte Mann war immerhin ein besonders schwieriger Patient.

Für die Traumsumme von 900 Euro bar in die Hand musste sie in Polen ein halbes Jahr schuften, wenn nicht noch länger. Euro: die neue Währung. Man musste sich daran gewöhnen.

Teresa eilte weiter bergauf. Ihre Angst steigerte sich zur Panik. Wenn er nun verletzt war, vielleicht sogar tot? Sie würde in einem deutschen Gefängnis landen, man würde sie des Totschlags anklagen, der fahrlässigen Tötung, denn sie hatte einen Schutzbefohlenen im Stich gelassen. Sie hatte nicht nur vergessen, die Tür abzuschließen, nein, sie war aus dem Haus gegangen, hatte ihn allein zurückgelassen. Sie dachte, er schliefe fest nach seinem ausgiebigen Mittagessen, denn er aß für zwei Menschen. Man sah es ihm nicht an, dass er so viel essen konnte. Er ahmte vielleicht in der Trübnis seiner Erinnerung sein Idol nach, den dicken Reformator.

Ja, sie hätte es sich wirklich denken können, dass er zur Burgruine hinaufgehen würde, denn schon einmal war er in Richtung

Nikolauskapelle und Burg entwischt. Das war vor zwei Wochen gewesen, aber Teresa war ihm rechtzeitig auf die Spur gekommen und konnte ihn heimführen, geduldig wie ein Lämmchen. Sie hatte ihm von seinem Lieblingsessen erzählt, und sein krankes Gehirn hatte den Sinn der Worte erfasst. Frau Dietgard hatte damals angenommen, Teresa habe ihren Vater hochgeführt zur geliebten Burg. Ein ganz normaler Spaziergang.

Wie viel hätte Teresa darum gegeben, eine gehbehinderte alte Person im Rollstuhl pflegen zu dürfen und nicht einen solchen Mann, der ständig auszureißen drohte.

Eine große Wut überlagerte ihre Angst, und da oben am Pfädchen zur Burg stand die Bank, und darauf saß ihr Schutzbefohlener.

Erleichtert beschleunigte Teresa ihre Schritte, doch beim Näherkommen lähmte der Schrecken ihre Glieder. Ihre schlimmsten Befürchtungen schienen sich zu erfüllen, als sie die zusammengesunkene Gestalt erblickte. Sie war nun einige Meter entfernt und sah, dass der Mann auf der Bank tot war.

Aber er war doch nicht krank, außer einer kleinen Arthrose in den Fingern war er kerngesund gewesen, wie der Hausarzt erst gestern bei der Kontrolluntersuchung festgestellt hatte. Das geht nicht, dass er tot ist, ging es durch Teresas Kopf. Man stirbt nicht an einem verwirrten Kopf. Ach, er hat das Buch mitgenommen, in dem er immer wieder blätterte und aus dem er unverständliche Sätze vorlas. Das Buch hat heute eine ungewöhnliche Farbe, dachte Teresa, es ist doch sonst immer schwarz gewesen. Ein schwarzer Leineneinband. Nun ist es an einer Stelle dunkelrot. Dann erst sah sie das Blut, das ins üppige Gras unter der Bank tropfte. In Panik rannte sie das Pfädchen hinab. Warum habe ich den alten Mann alleingelassen, warum nicht die Eingangstür abgesperrt? Warum habe ich David aufgesucht? Davids Leute werden sich freuen, vor allem seine Mutter, die mich hasst wie die Pest. Keine Schwiegertochter aus Polen in unserem altehrwürdigen Winzergut. Sie hatte sie schreien hören, als sie am Hof vorbeigegangen war, um einzukaufen. Sie hatte den Disput zwischen David und seinen Eltern mitanhören müssen. Satzfetzen, aber genug, um zu verstehen.

Als Mörderin würde man sie nun festnehmen. Aber nein: Niemand sollte wissen, dass sie hier oben an der Burg gewesen war. David würde ihr ein Alibi geben. Sie waren eine Zeit zusammen gewesen, unten am Weinberg, dann war sie nachhause gegangen, hatte den alten Mann vermisst. Lieber das Rendezvous zugeben als das Risiko eingehen, als Mörderin verdächtigt zu werden.

Oder sollte ich ... sollte ich Halina bitten, mir zu helfen? Ich war bei ihr, bei Schneiders, ich war ...

Teresas Gedanken überschlugen sich. Ihr blondes Haar, das zu einem Pferdeschwanz hochgebunden war, hatte sich gelöst. Ihr geblümtes Sommerkleid war verschwitzt. Nun werde ich mich noch erkälten, das darf nicht sein, ich habe doch Arbeit zu erledigen. Aber er ist tot. Wie dumm von mir, an meine Arbeit zu denken. Es gibt nichts mehr zu arbeiten für mich. Nicht hier in Deutschland. Teresas Füße brannten wie Feuer. Hoffentlich begegnet mir niemand, so wie ich aussehe. Man würde mich für eine Verrückte halten. Wie jemand aus der Anstalt da unten. Ja, ich werde wirklich wahnsinnig. Wahnsinnig vor Angst.

Sie verlangsamte die Schritte, und das Dunkel des Waldes umfing sie. Ich werde vielleicht nicht verrückt, sondern ohnmächtig, dachte sie. In diesem Moment umfingen sie zwei starke Männerarme, bevor sie taumelnd zu fallen drohte. Doch etwas sagte ihr, dass sie eigentlich fliehen sollte. Weg von diesem unheilvollen, bösen Ort, an dem ein Mord geschehen war. Die Füße gehorchten ihrem Willen nicht.

Nun war alles vorbei. Alles vorbei. Seufzend rutschte sie zu Boden.

4. Kapitel | Tue recht und scheue niemand

Friedrich hob die junge Frau auf, die zitternd zu Boden fiel.
Vielleicht war es die beruhigende Stimme des älteren Mannes, die in Teresa jeden Wunsch nach Flucht vergessen ließ. Es hatte sowieso keinen Zweck. Sie musste sich der Wahrheit stellen. Und sie war unschuldig. Sie hatte den alten Mann auf der Bank nicht getötet.
Sie deutete nach oben: »Dort. Auf der Bank. Er ist tot.«
Gontard bemühte sich um Festigkeit in der Stimme.
»Haben Sie bitte keine Angst. Gehen wir zusammen hin. Sie müssen wirklich keine Angst haben. Ich bin ein ehemaliger Polizeikommissar, und ich habe den alten Mann vor kurzem noch lebend gesehen. Bei einem Spaziergang.«
Ein Polizeikommissar, dachte Teresa. Er wird mich festnehmen, weil ich doch illegal arbeite.
Gontard, dem die Furcht in den Augen der jungen Frau nicht entgangen war, wiederholte: »Haben Sie keine Angst. Es wird alles wieder gut werden.«
Dann fragte er: »Wer sind Sie?«
Als die junge Frau schwieg, fuhr er fort: »Darf ich raten? Sie sind die Pflegerin des alten Mannes. Und Sie kommen aus Polen. Aber es wird Ihnen nichts passieren, bitte seien Sie beruhigt.«
Teresa ließ sich nun führen wie ein kleines Mädchen.
Warum bin ich nicht gleich meinem Instinkt gefolgt, dachte Gontard, während sie den Berg hinaufeilten. Warum habe ich

nicht nach ihm gesehen? Er hat doch bestimmt einen Herzinfarkt bekommen. Man hätte einen Arzt rufen können und er wäre gerettet worden.

»Das viele Blut«, schluchzte die junge Frau neben ihm, und nun erst erkannte er seinen Irrtum. Wenn ein alter Mann stirbt, dann vermutet man zunächst ein Herzversagen. An Mord denkt man zuletzt. Seltsam eigentlich, er hatte vorher nie darüber nachgedacht. Die meisten Opfer während all seiner Dienstjahre waren jüngere Leute gewesen, selten einmal Greise. Es gibt aber eine Statistik, demnach sind viele der sogenannten natürlichen Tode alles andere als »natürlich«. Es gibt eine Dunkelziffer, und sie hängt mit Morden an alten Menschen zusammen. Mit Morden, die zumeist aus Habgier begangen wurden. Von Angehörigen, die das Erben nicht abwarten konnten. Giftmorde oder ein paar Herztropfen zu viel. Und die Hausärzte stellen nichtsahnend den Totenschein aus. Nachgeforscht wird da selten, und der grüne Rasen deckt das eine oder andere Geheimnis für immer und ewig zu.

Gontard stockte der Atem, als er vor der Bank stand und das befleckte Buch sah, den blutgetränkten schwarzen Mantel und die Lache, die sich unter der Bank gesammelt hatte.

Wer hätte gedacht, dass der alte Mann so viel Blut in sich hätte?

Makaber, dass ihm dieses Shakespeare-Zitat durch den Kopf ging. Die Worte von Lady Macbeth, als sie, wahnsinnig geworden, sich das imaginäre Blut von den Händen wischen will. Das Blut des alten Königs Duncan, den sie und ihr Mann heimtückisch ermordet hatten.

Seltsam gefasst, blieb Teresa einige Schritte hinter Gontard stehen und bekreuzigte sich.

»Heilige Mutter Gottes«, murmelte sie. »Sei seiner Seele gnädig.«

Diesmal würde der alte Mann sie nicht dafür ausschimpfen. Sie fühlte so etwas wie einen kleinen Triumph und schämte sich dafür.

»Wie heißt eigentlich Ihr … Ihr …« Gontard zögerte, da ihm der Ausdruck irgendwie nicht passend erschien. »Ihr Schützling.«

»Das ist Herr Schellhorn. Gottlieb Schellhorn. Aber er wollte immer nur ›Herr Pfarrer‹ genannt werden.«

»Luther«, murmelte Gontard. »Das ist Annas ›Luther‹. Sie hatte doch Recht.«

»Ich bleibe bei dem Toten«, sagte er laut. »Trauen Sie es sich zu, runter zum Pfalzklinikum zu laufen und Hilfe zu holen? Die Polizei zu holen? Für ärztliche Hilfe ist es zu spät. Die Klinik ist das nächste Gebäude, von wo aus man telefonieren kann. Zum Dorf hinunter ist es zu weit.«

Während Teresa eilig bergab ging, dachte sie, dass dieser alte Polizeikommissar ein netter Mensch war. Nach und nach fiel das erdrückende Angstgefühl von ihr ab. Vielleicht würde ja doch noch alles gut werden.

Ein Kinderlied ging ihr durch den Kopf. Wie zur Beruhigung ihrer aufgewühlten Nerven wollte es sie trösten, denn es war ihr Lieblingslied gewesen.

W górze tyle gwiazd,
W dole tyle miast.
Gwiazdy miastom daja znać,
Ze dzieci musza spać.
Im Himmel sind die Sterne,
unten gibt es viele Städte,
die Sterne zeigen gerne:
die Kinder müssen in die Betten.

Ja, alles, alles wird gut werden, dachte Teresa, und sie wunderte sich selbst über diesen Gedanken.

5. Kapitel | Das Wiedersehen

Die Polizei war zur Stelle, noch bevor Teresa vom Telefonieren im Pfalzklinikum zurück war, keuchend vom steilen Aufstieg zur Burg.

Der junge Dorfpolizist, Herr Christmann, nahm die Personalien von Friedrich Gontard und Teresa Rosinski auf und erstarrte vor Ehrfurcht, als Gontard sich als ehemaliger Kripochef zu erkennen gab. Herr Berberich, der Chef der Ludwigshafener Kripo, sei benachrichtigt, meldete der Polizist.

»Oh wie schön«, rief Gontard vor Freude so laut aus, dass Christmann erschrak und ihn erstaunt ansah.

»Manfred Berberich und ich waren schon einmal ein gutes Ermittler-Team«, erklärte Gontard seinen freudigen Gefühlsausbruch, der angesichts der aktuellen Situation etwas deplatziert wirkte.

Der Dorfpolizist war auf der Höhe der Zeit und mit einem Handy ausgestattet, und Gontard bat ihn darum, seine Frau anrufen zu dürfen, die sich bestimmt Sorgen machte, weil er nicht schon längst zurück war. Es war inzwischen fast dunkel geworden. Anna war mehr als besorgt, und der leichte Ärger in ihrer Stimme war unüberhörbar.

»Anna, du hattest Recht«, sagte Gontard, nachdem er sie beruhigt hatte, es sei ihm selbst nichts Schlimmes geschehen.

»Wieso hatte ich Recht?«

»Der Mann auf der Bank war dein ›Luther‹ von damals. Und er ist tot. Näheres ganz bald. Mach dir keine Sorgen. Ich warte noch auf Manfred Berberich.«

»Berberich? Wieso der? Ach nein. Es war also Mord.«

Als sie keine Antwort bekam, fuhr sie fort: »Wer ermordet einen solch alten Mann?«

»Ja, das ist eine gute Frage, Anna. Aber dort kommt schon der ganze Tross. Hab Geduld, ich komme, sobald …«

»… sobald der Mörder gefasst ist? Na, dann gute Nacht.«

Anna hatte aufgelegt.

»Gute Nacht«, sagte Gontard geistesabwesend und gab das Handy an den Dorfpolizisten zurück.

Manfred Berberich fand zunächst keine Worte, seinen ehemaligen Chef hier am Tatort vorzufinden.

»Die Südpfalz mal zur Abwechslung?«, sagte er und ging freudig auf Gontard zu.

»Ja, landschaftlich reizvoller als die raue Westpfalz, wo wir uns das letzte Mal getroffen haben. Malerischer, aber nicht weniger mörderisch, wie man sieht.«

Damit deutete Gontard auf die Bank mit dem Toten.

»Der Mann ist uralt, oder? Den ermordet man doch nicht, oder?«

»Sie sind nicht der Erste, der sich darüber wundert«, antwortete Gontard.

»Ja, vor allem nicht so … so grausam. Diese Wucht, diese Wut.«

»Den muss jemand sehr gehasst haben.«

Erst jetzt nahm Manfred Berberich die blonde junge Frau wahr, die etwas abseits in der Dämmerung stand.

»Viele Leute«, sagte sie. »Viele Leute haben ihn gehasst, den Herrn Pfarrer. Kein lieber Mensch.«

»Ein Pfarrer. Auch das noch. Und das mit dem Hass müssen Sie mir erklären. Gehören Sie auch zu den Leuten, die ihn gehasst haben?«

Kaum waren die Worte gesprochen, als die junge Frau in einen Weinkrampf ausbrach und nicht mehr zu beruhigen war.

Gontard sprach beschwichtigend auf die Weinende ein. Sie beruhigte sich ein wenig und sagte unter leisem Schluchzen: »Ein wenig, ja. Ja. Ein wenig hab ich ihn auch gehasst.«

»Bei so viel Ehrlichkeit können wir Sie ja fast von der Liste der Verdächtigen streichen, junge Frau. Wer sich selbst auf solch direkte Art beschuldigt, der kann nur unschuldig sein.«

Das Schluchzen hörte auf.

Gontard fuhr sich nachdenklich über die Stirn. Dann machte er dem Kripochef gegenüber seine Zeugenaussage.

»Der Gerichtsmediziner wird erfreut sein, dass die Tatzeit und der Todeszeitpunkt so eng begrenzbar sind. Genau genommen vom Abendläuten der Glocke bis zu dem Zeitpunkt, wo Sie ihn fanden, Herr Gontard.«

»Ja, das ist etwas mehr als eine Stunde.«

Der Gerichtsmediziner, Dr. Ewald, ging mit seiner jungen Assistentin seiner Arbeit nach.

»Frau Dietgard muss vom Tod ihres Vaters wissen«, sagte Teresa. »Und Herr Wolfgang.«

»Wer sind die beiden?«

»Die Tochter und der Sohn vom Herrn Pfarrer.«

»Wo wohnen sie?«

»Die Tochter wohnt in Niederzell, der Sohn in Bad Bergzabern. Der Sohn ist aber im Urlaub. Er kommt, soviel ich weiß, erst übermorgen«, erklärte Teresa Rosinski.

Dorfpolizist Christmann wählte die Nummer von Dietgard Lagné. Niemand meldete sich.

»Was liegt denn da auf dem Boden?«, fragte der Kripochef.

»Das ist das Buch, in dem er gelesen hat, als wir heute Mittag an der Bank vorbeigekommen sind. Ganz vertieft war er. Hat nicht gegrüßt.«

»Wird wohl eine Bibel sein? Irgendwas Frommes? Ein Traktätchen?«, mokierte sich der Kripochef.

»Das hat Anna auch schon vermutet.«

Mit einem Blick auf das Buch fügte er hinzu: »Etwas dünn für eine Bibel. Ein alter Mann schleppt doch keine Bibel den Berg hoch.« Er näherte sich dem Buch und las den Titel.

Meine Güte, na sowas, dachte er, derlei Schriften sind doch längst vernichtet. Entnazifiziert. Auf dem schwarzen Leinenband stand, von einem Mäanderband eingerahmt, in goldenen Lettern zu lesen: *Nationale Religion. Ein Buch für den deutschen Christen.*

Mein Lebensmuster, dachte Gontard, und immer wieder werde ich mit der braunen Vergangenheit konfrontiert in meinen Fällen. Wie anmaßend von mir, von meinen Fällen zu sprechen.

Doch irgendwie stimmte es, denn Manfred Berberich rief aus, als gäbe es Gedankenübertragung: »Da werden wir wieder zusammen ermitteln müssen, Chef.«

»Aber nicht schon wieder diese Chef-Tour, das ist passé«, wehrte Gontard ab. »Diesmal bin ich schlicht und einfach Friedrich.«

»Daran werde ich mich aber gewöhnen müssen.«

»Oh, ein Fall von Altersdiskriminierung?«

»Nein, ein Fall von Respekt«, entgegnete der Jüngere.

»Jetzt aber an die Arbeit«, drängte er und ging zu seinen Leuten von der Spurensicherung hin.

Ein junger Mann kam ganz außer Atem auf die Gruppe zu gerannt.

»Was ist mit Teresa?«, rief er. »Ihr habt sie doch nicht etwa festgenommen? Weil sie Ausländerin ist? Ihr von der Polizei habt doch alle Vorurteile gegen Ausländer.«

»Was will denn dieser Choleriker hier?«, fragte Manfred Berberich und drehte sich zu Gontard um. Er fuhr fort: »Mal langsam, junger Mann. Keiner wird hier festgenommen oder verdächtigt. Und was heißt hier Vorurteile? Sie haben keine, oder?«

Aus dem Halbdunkel kam Teresa zu dem Neuankömmling gerannt.

Er breitete weit die Arme aus und umfing die junge Frau, wollte sie nicht mehr loslassen.

»Alles ist so schrecklich, David«, stammelte sie. »Das viele Blut.«

»Ich bin bei dir, Teresa. Du brauchst keine Angst zu haben.«

Doch die junge Frau sank lautlos und schwer zu Boden, trotz der starken Arme, die sie festhalten wollten. Dr. Ewald eilte zu Teresa hin, und der junge Mann kniete neben ihr und bedeckte ihr Gesicht mit Küssen. Sie kam langsam zu sich, erhob sich wie in Trance, gestützt von Dr. Ewald und dem jungen Mann.

Friedrich Gontard und Manfred Berberich traten mit besorgten Gesichtern hinzu.

Der Gerichtsmediziner machte eine beschwichtigende Geste, die so viel hieß wie: »Alles halb so schlimm, es geht ihr wieder besser.«

»Ist sie vernehmungsfähig?«, fragte Manfred Berberich.

»Ich denke ja.«

Der junge Mann wollte aufbrausend protestieren, doch der freundliche Ton des Kripochefs schien ihn schließlich davon zu überzeugen, dass die Polizei seiner Freundin nichts Böses wollte. Er nahm Teresas Hand, während Manfred Berberich mit der Vernehmung begann.

6. Kapitel | Teresa und David

»Nun muss ich Sie erst mal fragen, wie Sie heißen und wer Sie sind«, begann der Kripochef, an den jungen Mann gewendet.

Teresa, die sich offenbar wieder gefangen hatte, antwortete an seiner Stelle: »Das ist David Eichenlaub, und wir sind ein Paar, wie man sieht.«

»Und sie soll meine Frau werden, die Teresa«, ergänzte der junge Mann. »Bald und trotz aller Einwände.«

Teresa sah erstaunt zu David hoch, der um einiges größer war als sie.

»Ja, das war ein Heiratsantrag«, sagte er. »Wenn es auch nicht zur Situation passt. Aber das ist mir egal.«

»Der ungewöhnlichste Heiratsantrag, den ich erlebt habe«, entfuhr es Gontard. »An einem Tatort.«

Und er fuhr fort: »Welche Einwände meinen Sie?«

Teresa schaute ängstlich zu David Eichenlaub hoch.

»Das möchte ich hier nicht sagen. Es geht die Polizei auch nichts an, oder?«

Dieser zornige junge Mann ist wirklich eine Herausforderung, dachte Gontard. Er wird uns die Ermittlungen nicht leicht machen.

Manfred Berberich gelang es dennoch, Teresas Bericht kurz zu notieren. Erste Fakten, bevor am nächsten Morgen eine ausführliche Befragung im Präsidium stattfinden würde.

Die Leute von der Spurensicherung hatten mittlerweile die Suche nach der Tatwaffe ergebnislos eingestellt. Kein Messer, kein Dolch war zu finden. Auch hier würde der nächste Morgen im wahrsten Sinne des Wortes mehr Licht ins Dunkel bringen.

Die Personalien von Teresa Rosinski und David Eichenlaub waren aufgenommen worden.

»Wieso sind Sie eigentlich hierher zur Burg gekommen, Herr Eichenlaub? Woher wussten Sie, dass ...«

Er ließ Manfred Berberich nicht ausreden, sondern prustete los: »Halina hat es mir gesagt. Von Halina weiß ich, dass Teresa auf die Suche nach ... nach ihm gegangen ist.«

In den letzten Worten lag so viel unverhohlene Verachtung für das Mordopfer, dass die beiden Kriminologen kurz Blicke tauschten.

»Wer ist Halina?«, wollte Berberich wissen. Wieder war es Teresa, die als erste antwortete.

»Halina Hajduk, meine Freundin. Sie betreut eine alte Frau. Ich war bei ihr, um ein wenig mit ihr zu plaudern. Wir haben Kaffee getrunken. Und ich dachte doch, ich hätte zugeschlossen. Es war ja nur für kurze Zeit, dass ...«

Sie begann erneut zu weinen.

»Da sehen Sie, was Sie anrichten mit Ihrer Fragerei«, rief David Eichenlaub erbost und legte beide Arme um Teresa.

»Ich glaube«, sagte Gontard beschwichtigend zu dem aufgebrachten Mann, »ich sollte die junge Frau nach Hause bringen, zurück nach Niederzell. Und morgen früh erscheinen wir Zeugen alle bei Herrn Berberich auf dem Revier.«

»Natürlich wird auch Halina Hajduk dabei sein«, sagte Manfred Berberich. »Geben Sie mir bitte ihre Adresse und vor allem die von Dietgard Lagné. Sie wird ihren Bruder kontaktieren, wenn er vom Urlaub zurück ist.«

Der Tote wurde abtransportiert, begleitet vom Gerichtsmediziner und seiner Assistentin.

Als Teresa dem Kripochef die Adresse ihrer Freundin Halina und die der Tochter des Toten gab, dachte Gontard: Niederzell, alle wohnen sie in Niederzell. In welcher Mördergrube ist unsere Tochter Lilli da gelandet? Werden Lilli und Fabrice erfreut sein, wenn sie nun erfahren, dass ich mich für einige Zeit bei ihnen einnisten muss? Und ist Anna bereit, mir Gesellschaft zu leisten? Wir wollten doch schon morgen wieder nach Hohenkirch fahren, um nach dem Rechten zu sehen.

Ach was, dachte er. Rosa Brehm ist die beste Haushüterin, die man sich denken kann. Und Katerchen Heinz ist in bester Obhut. Belami ist bei uns in Niederzell.

Er und Anna würden nun länger bei Fredi sein und Lilli behilflich sein können. Alles Schlimme hat sein Gutes. Sogar ein Mord? Das darf man nur denken, keinesfalls aussprechen.

Manfred Berberichs Worte rissen ihn aus seinen Gedanken.

»Fahren Sie noch mit mir zu Dietgard Lagné? Zur Tochter des Toten?«

»Natürlich. Zu zweit ist es leichter, eine Todesnachricht zu überbringen.«

»Wir setzen Teresa ab und fahren noch zu Halina Hajduk.«

»Bringen Sie mich bitte zu Halina«, flehte Teresa. »Ich kann unmöglich schlafen in der Wohnung ... in diesem Totenhaus. Und Schneiders haben bestimmt nichts dagegen, wenn ich bei Halina übernachte. Familie Schneider ist sehr nett.«

David Eichenlaub sagte, zu Teresa gewendet: »Du weißt, ich würde dich gerne mit ...«

»Ja, ich weiß. Aber es geht doch nicht. Deine Mutter hat doch das Sagen.«

Die Körpersprache des jungen Mannes veränderte sich urplötzlich. Der großgewachsene junge Mann mit geradem Rücken sackte in sich zusammen. Er senkte den Kopf, ließ die Schultern schlaff nach unten hängen, doch mit trotziger Miene versuchte er, seine Schwäche zu überspielen: »Ja, vielleicht«, sagte er resigniert und ging zu seinem Auto, das er wenige Meter vom Tatort entfernt unterhalb einer Baumgruppe geparkt hatte. Im Weggehen richtete er sich auf und fand zu seinem Selbstbewusstsein zurück.

Dabei rief er zu Teresa hinüber: »Aber nicht mehr lange. Dann zeige ich allen, wer der Herr im Haus ist.«

7. Kapitel | Eine Freundin und eine Tochter

Friedrich Gontard fuhr voraus, gefolgt von Manfred Berberich.

Teresa saß während der Fahrt nach Niederzell stumm neben Gontard und starrte geistesabwesend vor sich hin. Das Haus der Familie Schneider lag am Ortsende in einem Neubaugebiet. Im Dunkel nahm man die an das Wohngebiet angrenzenden Weinberge wahr. Als Gontard ausstieg, fiel aus seiner Jackentasche ein Buch mit festem Einband. Er konnte es gerade noch auffangen, bevor es in eine Pfütze fiel. Hier in Niederzell musste es geregnet haben.

Nein, das ist unglaublich, dachte Gontard, und verstohlen steckte er das Buch zurück in seine Jackentasche. Der Blutfleck auf dem Einband war fast eingetrocknet. Gruselig sah er aus. Gontard musste in Gedanken den nicht sehr großen Band eingesteckt haben, der neben der Bank mit dem Toten ins Gras gefallen war. Das war Beweismaterial, es müsste bei der Spurensicherung sein. Was hatte er da bloß angestellt? Hatte ihm sein Unterbewusstsein einen Streich gespielt oder war es beginnende Demenz, die ihn, den ehemaligen Kripochef, diesen schlimmen Verstoß hatte begehen lassen? Oder war ihm der Lapsus nur deshalb unterlaufen, weil ihn die Neugier und das Jagdfieber gepackt hatten und die alte Spürnase es nicht erwarten konnte, Witterung aufzunehmen?

Nein, es ist sicher beginnende Altersdemenz, sagte sich Gontard. Vor nichts und vor keiner anderen Krankheit hatte er solche Angst.

Dann wird man halt meine Fingerabdrücke neben denen des Opfers auf dem Buch finden. Und die eventuellen Spuren des Mörders werde ich schon nicht verwischt haben.

Frau Schneider, eine sehr schlanke kleine Frau Mitte fünfzig mit hellen blauen Augen und einer blonden Kurzhaarfrisur öffnete verwundert die Tür, als es um halb zehn bei ihr läutete und Teresa Rosinski in Begleitung von zwei Männern, einem älteren und einem jüngeren, vor ihr stand.

Bevor sie eine Frage stellen konnte, zeigte der Kripochef seinen Ausweis vor, was das Erstaunen der Frau nicht minderte. Ihre Blicke gingen von Teresa, die wieder hemmungslos zu schluchzen begann, zu den beiden Männern. Sie erkannte in Gontard den Vater von Lilli Tavernier, deren Söhnchen mit ihrer kleinen Enkelin Sarah Lena in der Kita war. Es hatte sich bald herumgesprochen, dass der Opa des kleinen Fredi bei der Kripo gewesen war. Ulla Schneider war Friedrich Gontard einmal begegnet, als er Fredi von der Kita abgeholt hatte.

»Was hat Teresa denn ausgefressen?«, fragte Ulla Schneider verblüfft, worauf Teresas Schluchzen noch lauter wurde.

»Teresa hat nichts ausgefressen«, sagte Gontard. »Sie ist Zeugin ... oder fast Zeugin ... einer Straftat geworden.«

»Hätte mich auch gewundert«, entgegnete Frau Schneider. »Entschuldigen Sie bitte, Teresa.«

Sie legte der zitternden jungen Frau leicht die Hand auf die Schulter.

Aus dem Halbdunkel des Flurs kam jemand rasch gelaufen. Eine schwarzhaarige junge Frau Ende zwanzig, etwas älter als Teresa, rannte auf diese zu und schloss sie in die Arme. Ein Redeschwall in polnischer Sprache ergoss sich über die immer noch Weinende. In ihrer Antwort verstand man lediglich den Namen Schellhorn.

Halina Hajduk schlug entsetzt die Hände vors Gesicht, und in ihrem Gesicht spiegelte sich in ganz kurzer Zeit eine Abfolge von mehreren Gefühlen: Furcht, Ungläubigkeit, und, so erschien es jedenfalls dem aufmerksamen Menschenbeobachter Gontard, so etwas wie Erleichterung, ja Freude.

Sie sagte wieder etwas auf Polnisch zu Teresa, doch diese schüttelte nur den Kopf.

»Es wäre gut, wenn Sie Deutsch miteinander reden würden«, unterbrach der Kripochef höflich, aber bestimmt das Gespräch der beiden jungen Frauen. »Es geht immerhin um einen Mordfall.«

Ulla Schneider rief erschrocken aus: »Der alte Schellhorn? Ich hab da so etwas rausgehört. Wer …? Wie …? Ist er in seinem Haus umgebracht worden? Aber Entschuldigung, meine Herren, kommen Sie doch bitte herein. An der Haustür kann man das nicht besprechen.«

Sie betraten eine altdeutsch eingerichtete Stube mit rustikalen Möbeln: einer Schrankwand im Neo-Renaissancestil und gelblichen Butzenscheiben, einem altdeutschen Sofa mit Gobelin-Kissen, die in der Mitte sorgsam geknickt waren, einer Stehlampe mit einem Schirm aus grobem Leinen und mit Troddeln versehen. Mit einer geschnitzten Eckbank und Herzchen-Stühlen, dazu einem wuchtigen Tisch, über dem eine Lampe hing, die aus einem Wagenrad mit aufgesetzten Leuchten gefertigt war.

An den Wänden hingen Reproduktionen jener Genrebilder aus dem 19. Jahrhundert, die überwiegend beschwipste Mönche, schwere Humpen in den dicken Fingern haltend, beim Zechen darstellten. Daneben die klappernde Mühle am rauschenden Bach und eine alpenländische Landschaft, in grellsten Farben gemalt. Mehrere Kuhglocken, an breiten Bändern hängend, schmückten die Wand an der Eckbank.

Wie scheußlich, dieses pseudo-antike Zeug, dachte der stilsichere Antiquitätenexperte Gontard. Was bin ich doch für ein Snob, das dachte er auch. Aber da kann ich einfach nicht aus meiner Haut raus.

»Mein Mann ist schon im Bett«, bemerkte Ulla Schneider entschuldigend. »Er hat heute viel im Wingert gearbeitet und ist mit

Kopfweh heimgekommen. Er hat zwei Aspirintabletten genommen, ungewöhnlich für ihn. Ich hoffe, er ist nicht aufgewacht. Er sah wirklich elend aus und hat die Ruhe nötig. Und unsere Mutter schläft auch schon lange. Sie kriegt vom Hausarzt was gegen die Schmerzen und ein leichtes Schlafmittel. Wenn wir die Halina nicht hätten. Ich würde vor die Hunde gehen bei der Pflege der Schwiegermutter. Ein Segen sind diese polnischen Frauen.«

Ängstlich fragte sie: »Sie zeigen uns doch nicht an? Wegen der Halina, meine ich. Es ist doch illegal, dass sie hier arbeitet.«

»Wir haben andere kriminelle Fälle zu ahnden«, beruhigte Manfred Berberich die besorgte Frau.

Und nachdem alle auf der Eckbank am Esszimmertisch Platz genommen hatten, berichtete Gontard, was geschehen war.

»Mit einem Messer?«, fragte Ulla Schneider einmal dazwischen. »Da hat jemand eine große Wut gehabt, oder? Kein Wunder auch.«

»Könnten Sie erklären, was Sie damit meinen, Frau Schneider? Wieso kein Wunder?«, wollte Gontard wissen.

Die Frau wurde verlegen.

»Darf ich Ihnen was anbieten? Wir haben unsern eigenen kleinen Weinberg. Ernst ist Hobby-Winzer. Und der Wein ist ganz bio.«

Das Ablenkungsmanöver missglückte. Die Männer lehnten das Angebot dankend ab.

»Ein anderes Mal, danke«, sagte Manfred Berberich und griff Gontards Frage auf. »Der Herr Schellhorn war wohl kein sehr beliebter Mensch?«

Ulla Schneider wand sich, dann sagte sie: »Schwierig war er, vielleicht wegen seiner Krankheit. Er war ja hochgradig demenz.« Sie sagte »demenz« und meinte »dement«. Komisch, dachte Gontard, viele Leute kriegen es nicht auf die Reihe: das Substantiv »Demenz« und das Adjektiv »dement« auseinanderzuhalten.

Halina und Teresa saßen eng beieinander. Teresa, die kleine und zierliche Blondine, wirkte gegen die große schwarzhaarige Halina fast wie ein Kind.

Ulla Schneider sah Teresa mitfühlend an und sagte: »Sie können hierbleiben, Teresa, bis alles vorbei ist. Der ganze Spuk. Ich meine, bis der Mörder gefasst ist.«

»Wir haben uns nun lange bei Ihnen aufgehalten, Frau Schneider. Wir haben noch einen schweren Gang vor uns: Die Tochter des Ermordeten. Sie weiß noch nicht, was passiert ist.«

Ulla Schneiders blaue Augen waren vor Erstaunen geweitet.

»Wieso schwerer Gang?«, fragte sie brüsk. »Sie wird erleichtert sein. In diesem Fall bestimmt. Da war nicht sehr viel … nicht sehr viel Liebe. Und man kann es ihr nicht verdenken. Aber das werden Sie ja alles selbst herauskriegen.«

Sie schaute plötzlich wieder ängstlich drein.

»Also nicht, dass Sie denken, ich wollte jemand beschuldigen. Da gab es andere, die den alten Schellhorn gehasst haben.«

Sie hielt sich erschrocken die Hand vor den Mund.

»Nein. Das ist mir wirklich nur so rausgerutscht. Nehmen Sie das nicht so ernst, meine Herren.«

Dann sagte sie: »Wir gehen morgen, Teresas Sachen aus dem Schellhorn-Haus zu holen. Geht das?«

»Es wird jemand von meinen Leuten dabei sein«, sagte Manfred Berberich. »Ich werde das organisieren. Jetzt aber zu Frau Lagné.«

»Gute Nacht«, verabschiedete sich Gontard von Teresa. »Sofern das möglich ist.«

Diese schaute ihn an: »Danke, dass Sie sich um mich gekümmert haben, Herr Gontard.«

Halina führte die Freundin die Treppe hoch, und die Männer verließen das Haus.

Dietgard Lagné wohnte im gleichen Neubauviertel wie die Schneiders.

Den Vater hat sie wohl nicht im Haus haben wollen, dachte Gontard. Dann ihn lieber in eine Wohnung einquartieren und ihn betreuen lassen. Ein Fall von vielen und dann vielleicht doch noch die bessere Lösung als die Unterbringung in einem Heim.

Eine hochgewachsene, modisch gekleidete Frau öffnete mit unverhohlenem Unmut die Eingangstür, nachdem sie sich über die Rufanlage vergewissert hatte, wer da zu so später Stunde klingelte.

»Ach, es ist etwas mit meinem Vater passiert, oder? Ist er wieder mal ausgebüxt? Warum hat Teresa mir nichts ...?«

»Teresa ist außer sich und sie war nicht in der Lage, Sie zu benachrichtigen. Teresa trifft keine Schuld«, unterbrach Manfred Berberich. »Wir haben eine sehr schlimme, eine unangenehme Nachricht für Sie. Ihr Vater ist ermordet worden, Frau Lagné. Oben an der Burg Landeck.«

Die Reaktion der Tochter des Mordopfers war eine ungewöhnliche.

»Oben an der Burg? Nicht zuhause? In seiner Wohnung? Also hat sie wieder mal vergessen, abzusperren. Das pflichtvergessene Ding. Bestimmt war sie wieder bei ihrem Geliebten. Und Sie sagen, sie sei unschuldig? Sie hat meinen Vater auf dem Gewissen. Sie ...«

Sie besann sich, schwenkte um, wurde plötzlich ganz ruhig und bat ohne die geringste Regung von Trauer oder Neugierde die beiden Männer, einzutreten.

Wie kalt ist diese Tochter eigentlich, dachte Gontard. Es gab ihm, selbst Vater einer Tochter, einen Stich ins Herz, wenn er sich vorstellte, wie es wäre, wenn Lilli ...

Aber nein. Das war absurd. Lilli liebte ihren Vater.

Frau Schneider hatte ihn doch schon vorgewarnt. Die Reaktion von Dietgard Lagné übertraf dennoch alles, was er erwartet hätte.

»Sie werden Ihren Bruder ebenfalls benachrichtigen müssen, Frau Lagné.«

Sie lachte bitter auf. »Ach. Natürlich. Das gehört sich ja. Aber seine Trauer wird sich ebenfalls in Grenzen halten. Aber kommen Sie doch ins Wohnzimmer, meine Herren.«

Der Fernseher lief. Es war ein Film über Hildegard Knef, die im Februar gestorben war.

Hildegard Knef sang gerade: *Eins und eins, das macht zwei ...*

Der Ton war ohrenbetäubend laut gestellt.

War dies eine Erklärung dafür, dass Dietgard Lagné nicht reagiert hatte, als Gontard sie vom Tatort aus übers Handy erreichen wollte? Das Telefon befand sich im Flur, wie das geschulte Auge des alten Hasen Friedrich Gontard im Vorbeigehen festgestellt hatte.

Dietgard Lagné schaltete das Gerät aus.

»Ein bisschen laut, sorry. Aber vorhin habe ich einen französischen Film auf ARTE geguckt, da stelle ich immer lauter. Ich war mit einem Franzosen verheiratet. Einem Elsässer, genauer gesagt. Didier ist an Krebs gestorben. Ich lebe schon seit sieben Jahren allein.«

Die Trauer, die sie beim Tod des Vaters nicht empfinden konnte, lag nun doppelt und dreifach in ihrer Stimme, so viele Jahre nach dem Verlust des offenbar sehr geliebten Ehemanns.

»Sie wundern sich, dass ich nicht traurig bin über den Tod meines Vaters, nicht klage und weine. Man kann einen Vater hassen. Und einen Ehemann sehr lieben. Über den Tod hinaus.«

Gontard nahm einen Spruch wahr, der in einem silbernen Rahmen über dem Schreibtisch hing.

Car la vie est un bien perdu quand on n'a pas vécu comme on a voulu vivre.

Denn das Leben ist ein verschleudertes Gut, wenn man nicht gelebt hat, wie man gerne hätte leben wollen.

War dies das Lebensmotto von Dietgard Lagné, geborene Schellhorn?

Gontard nahm nun die geschmackvolle Wohnung wahr, die in warmen erdfarbenen Tönen eingerichtet war: cognacfarbene Vorhänge und zimtfarbene Kissen, zartes Orange, ziegelfarbene Samtsessel, hie und da gebrochenes Weiß. Alles edel und doch nicht steril, das galt auch fürs Mobiliar: Modernes war mit diesem und jenem antiken Einzelstück gemischt. Das geübte Auge des Antiquitätenexperten nahm mehrere Biedermeierstühle und altes Porzellan wahr, einige Louis Seize-Kerzenleuchter. An den Wänden zwei Porträts großbürgerlicher Damen und mehrere kleinere Ölgemälde, impressionistische Landschaften. Ein Corot war darunter, wie Gontard erstaunt feststellte.

Dietgard Lagné hatte Gontards Blicke registriert.

»Wir wohnten einige Jahre in der Normandie, führten ein schönes kleines Antiquitätengeschäft in der Nähe von Rouen. Dies hier sind noch Restbestände von jener Zeit.«

Wieder dieser traurige Blick, der Schleier in der Stimme.

Nostalgie. Schmerz. Unheilbare Trauer. Sie gab sich einen Ruck.

»Dietgard und Didier. Vorbei das alles. Und nun ist mein Vater tot, dazu grausam ermordet, und ich sollte trauern, denn ich bin immerhin eine gewesene Pfarrerstochter, und da gehört es sich doch, um den lieben Papa zu trauern.«

Welche Bitterkeit in ihrer Stimme liegt, dachte Gontard.

»Und mein Bruder Wolfgang«, fuhr sie fort, »der wird noch weniger um ihn trauern. Wir sind zwei Pfarrerskinder, wie sie im Buche stehen. *Pfarrerskinder, Müllers Vieh, gedeihen selten oder nie*, so heißt es doch im Volksmund. Dabei waren wir so gut erzogen, so streng gehalten worden. Aber da liegt wohl der Hund begraben. Das schlägt dann leicht ins Gegenteil um. Und Liebe kann man nicht erzwingen. Auch wenn man Vater und Mutter lieben und ehren soll, so heißt doch eins der zehn Gebote, wenn ich mich recht erinnere aus meiner Pfarrerstochterzeit.«

Da war wieder dieser bittere, sarkastische Zug um ihren Mund.

»Meine Frau ist oder besser sie war ebenfalls eine Pfarrerstochter«, entfuhr es Gontard. Warum sagte er das eigentlich?

»Ach ja? Wie hieß denn Ihre Frau mit Mädchennamen, vielleicht kenne ich sie ja.«

»Sie hieß damals Anna Nüsslein. Ihr Vater war Pfarrer in Thalkirchen in der Nordpfalz.«

Die Wirkung seiner Worte war unerwartet.

»Ach, die Anna Nüsslein ist Ihre Frau? Ja, wir kennen die Anna, ich und vor allem mein Bruder Wolfgang. Wir waren ab und zu mal bei diesen frommen Festen zusammen. Das waren diese Gustav-Adolf-Feste. Es ist das Kultfest aller Protestanten. Ja, wir waren damals Kinder. Das heißt, mein Bruder ist ein paar Jahre älter als ich. Er und Anna waren damals schon Teenager.«

Etwas Undefinierbares, Mysteriöses lag nun in ihrer Stimme, das in Gontard ein großes Gefühl von Unbehagen auslöste.

Dann wurde Dietgard Lagné auf einmal ungeduldig. »Das sind doch *les neiges d'antan*, Schnee von gestern. Sagen Sie mir doch nun, wie es weitergehen soll. Wer hat ihn denn umgebracht, meinen Vater?«

»Morgen früh werden wir einige Zeugen vernehmen. Auch Teresa, ihren Freund David Eichenlaub, ihre Freundin Halina. Und natürlich auch Sie und Ihren Bruder.«

»Auf meinen Bruder werden Sie noch einige Tage warten müssen. Er ist im Urlaub, irgendwo auf Gomera oder an einem anderen von diesen ehemaligen Hippie- und Aussteigerorten. Kann aber auch sein, dass er in Frankreich ist in einem kleinen Provinznest, in den Cevennen oder in der Auvergne. Wir sind beide Frankreichfans, mein Bruder und ich, vielleicht gerade deshalb, weil unser Vater Frankreich hasste. Den Erbfeind, die Franzosen. Alle Ausländer überhaupt. Und Wolfgang ist Künstler. Er malt da immer. Hinterlässt keine Adresse, weil er seine Ruhe haben will.«

»Den Mörder Ihres Vaters, liebe Frau Lagné, den werden wir hoffentlich bald finden. Und Sie und Ihr Bruder werden uns dabei helfen müssen. Wenn Sie uns verraten, wer alles Ihren Vater gehasst hat«, sagte Manfred Berberich, und er hielt verlegen inne. Welche Aussage. Sohn und Tochter standen da an oberster Stelle auf der Liste, oder nicht?

Dietgard Lagné quittierte die groteske Bitte mit einem weiteren bitteren Auflachen.

»Gut, dann helfen wir der Polizei. Aber ich verrate Ihnen schon einmal so viel: Die Reihe der Verdächtigen wird lang.«

Sie schwieg und überlegte.

»Ach, werden Sie auch die Eltern Eichenlaub verhören?«

»Weshalb sollten wir?«

»Na ja, ihr Sohn ist mit Teresa liiert oder wäre es gerne für immer. Vielleicht sind die Winzersleute nicht so begeistert von Teresa wie ihr Sohn es ist.«

»Wieso, ich sehe nicht …«, wunderte sich Manfred Berberich.

»Dann warten Sie ab, vielleicht sehen Sie es morgen, wenn Sie es heute nicht sehen.«

Ulla Schneider hat sich ähnlich ausgedrückt vorhin, dachte Gontard. Der Spur sollten wir nachgehen.

»Es ist spät«, unterbrach der Kripochef das Gespräch. »Sie werden von uns hören. Ihr Vater ist vorerst noch in der Gerichtsmedizin. Sie erfahren von uns, wenn er freigegeben wird für die Bestattung.«

»Die wird im engsten Kreis stattfinden«, sagte Dietgard Lagné. »Im allerengsten Kreis. Mein Bruder und ich. Punkt.«

Mit leicht mokantem Lächeln sagte sie: »Und es wird natürlich ein christliches Begräbnis. Er war immerhin mal Pfarrer. Ein Christ. Ein deutscher Christ.«

Draußen angekommen, atmeten Manfred Berberich und Friedrich Gontard erst einmal tief durch. Es hatte noch einmal geregnet, die Luft war frisch und rein.

»Die Nachtluft, der klare Sternenhimmel«, rief Gontard. »Spüren Sie das auch? Geradezu befreiend.«

Berberich sah nach oben, sog die Luft ein, wandte sich an Gontard: »Welche Motive gibt es eigentlich, einen solch alten Mann umzubringen?«

»Meistens ist es Habgier. Man will möglichst schnell erben.«

»Aber offenbar ist dies hier nicht der Fall.«

Nach einer kurzen Pause sagte Berberich: »Ein schrecklicher Gedanke, dass man stirbt und keiner um einen trauert. Ganz im Gegenteil sogar.«

»So viel Fehlen von Liebe habe ich selten erlebt«, bemerkte Gontard.

»Ob er das wirklich verdient hat, so wenig geliebt zu werden?«

»Wenn wir den Mörder finden wollen, dann müssen wir im Vorleben des Opfers suchen, fürchte ich, mein lieber junger Herr Nachfolger.«

»Ja, so ist es wohl.«

Sie verabschiedeten sich.

Gontard schloss ganz leise die Tür auf. Zum Glück hatte er einen Schlüssel zum Haus von Lilli und Fabrice. Da fühlte er in seiner Jackentasche einen Gegenstand. Er zog das Buch heraus und las im Schein der Nachtleuchte neben der Klingel:

Nationale Religion, Paul de Lagarde.

Nun hab ich vergessen, Berberich das Beweismaterial zu geben.

Er weigerte sich, den Grund in der Altersvergesslichkeit zu suchen. Es musste unterschwellige Neugier gewesen sein, vielleicht aber auch ein zufälliger Wink »von oben«. Das Buch besaß so etwas wie eine magische Anziehungskraft, der er nicht widerstehen konnte.

Der Name des Autors, Paul de Lagarde, kam ihm irgendwie bekannt vor. Er hatte einen unangenehmen Klang. Gontard würde Fabrice bitten, im Internet zu googeln. Das taten nun doch viele Leute, aber er war computerabstinent, wie er es nannte. Er und Anna, beide Pensionäre, brauchten solch ein Ding wirklich nicht.

Gontard schloss sanft die Haustür auf und schlich vorsichtig die Treppe hoch.

»Du hast den Fall also schon gelöst? So lange, wie du schon weg bist«, flüsterte Anna mit verschlafener Stimme.

»Ja, so gut wie«, antwortete Gontard. »Schlaf weiter, mein Schatz.«

Gegen zwei Uhr nachts erwachte Gontard. Etwas ließ ihn nicht zur Ruhe kommen. Er ging auf Zehenspitzen ins Gästezimmer, holte das Buch aus seiner Jackentasche. Es hatte nur 120 Seiten, und er las es in einem Zug aus. Ein religionsphilosophisches Werk, geschrieben von einem, der lange vor der braunen Ära die

Naziideologie schon vorweggenommen hatte und im Dritten Reich den jungen Theologiestudenten als Lehrwerk vorgesetzt worden war. So viel war klar, ohne dass man nach Paul de Lagarde googeln musste. Gontard las sich fest und konnte es sich nicht verkneifen, ab und zu »absurd«, »verrückt, einfach verrückt« zu murmeln oder ungläubig den Kopf zu schütteln. Was da geschrieben stand von einem der »Ahnherrn« des Dritten Reichs, wie der Verfasser des Pamphlets bezeichnet wurde, war 1934 veröffentlicht worden in der »deutschen Reihe« eines Verlags aus Jena »zum Nutzen deutscher Theologiestudenten«.

Das Buch dieses geistigen Brandstifters konnte antisemitischer, rassistischer und grotesker nicht sein. Lagarde, der Deutsche mit dem französischen Namen, einem Pseudonym übrigens, fordert eine germanische, männliche und streitbare Religion, ein Christentum, das »sich befreit von jüdischem Einfluss«.

Über Jesus stand da geschrieben: *Der Rabbiner von Nazareth ist höchst langweilig.*

Lagarde verteufelt vor allem das Alte Testament und schreibt: *Die biblische Geschichte vor allem des Alten Testaments gehört nicht in die Hände der deutschen Jugend. Was ist uns Adam und was ist uns Eva? Was Abraham, Isaak, Jakob und Genossen? Was Moses und David?*

Über die Mutter Jesu schreibt Lagarde: *Maria war nichts weiter als eine Jüdin, so gewiss wie Judas Ischariot ein Jude war.*

Lagarde fordert, dass »Vaterlandsliebe und Freundschaft« ins Christentum aufgenommen werden sollen, und er preist Luther, der »durch die germanische Naturanlage« die Stellung Roms gebrochen habe.

»Der arme Luther«, murmelte Gontard. »Da haben wir es wieder. Die Nazis haben ihn für ihre Zwecke interpretiert. Ihn instrumentalisiert für ihre verquere Ideologie. Nein, das hat Luther nicht verdient.«

Er legte die Hass- und Hetzschrift aus der Hand.

Warum, fragte sich Gontard, warum hatte das Mordopfer dieses

Buch bei sich? Er war dement, oder zumindest auf dem Weg in die Demenz. Ein dementer Mann, der das Produkt einer verrückten Ideologie mit sich trug. Ein ewig Gestriger, der sich in seiner Umnachtung noch festklammerte an einem Rest seiner Vergangenheit? Der sich nicht trennen mochte von den Verirrungen eines Großteils seines Lebens?

Morgen muss Berberich das Buch bekommen. Und ich werde in die Vergangenheit Schellhorns eintauchen, um das Gegenwärtige zu verstehen. Den grausigen Mord an einem alten, ungeliebten Mann. Mein Lebensmuster, dachte er erneut. Es ist mein Lebensmuster, nicht loszukommen von den Schatten der Geschichte.

Er steckte das Buch in seine Jackentasche zurück. Anna schlief fest, atmete regelmäßig, drehte sich um, ohne aufzuwachen.

Glückliche Anna, wenn ich doch nur auch deinen Schlaf hätte, dachte Gontard.

Die Lektüre der Hetzschrift hatte ihn völlig aufgewühlt.

Der Tag war anstrengend gewesen, ein Tag voller Gegensätze: ein friedlicher Ausflug mit Anna und dem kleinen Fredi und dann ein Mord mit tausend Fragezeichen, die unweigerlich in die Vergangenheit führen würden.

Die Hähne im Nachbarhof begannen schon zu krähen, als Gontard dennoch in den Schlaf fand.

8. Kapitel | Das Verhör

Fabrice hatte schon das Haus verlassen, als Lilli und ihre Eltern mit dem kleinen Fredi am Frühstückstisch saßen.

»Fabrice lässt euch vielmals grüßen«, sagte Lilli. »Er hat einen Anwaltskongress in Straßburg und kommt erst in vier Tagen wieder heim. Da werde ich ein Problem haben, denn Marita hat sich abgemeldet. Sie hat einen grippalen Infekt, ziemlich heftig, und sie fällt vorläufig aus.«

Marita Fischer war eine junge Frau aus Niederzell, die an den Tagen, an denen Lilli Unterricht hatte, Fredi in die Kita brachte, ihn abholte und dazwischen das Haus in Ordnung brachte und kochte.

Lilli hatte mit ihrem halben Deputat heute ihren sogenannten »freien«, also unterrichtsfreien Tag.

»Heute seid ihr ja noch da, und ich bin auch da, aber morgen früh, wenn ihr abgereist seid, habe ich wirklich ein Problem.«

»Dir kann geholfen werden«, sagte Gontard, der mit Anna beim Aufstehen kurz besprochen hatte, dass man Lilli die grausigen Ereignisse möglichst schonend beibringen sollte, zumal in Anwesenheit des Kindes. Fredi wuselte aber gerade in seiner Spielecke herum und machte sich an seinem Kinder-Kochherd zu schaffen, einem bunten Holzgestell in der Form, aber nicht mit der Funktion eines echten Herdes. Er hantierte eifrig mit dem Plastikgeschirr und den kleinen Pfannen und Töpfen.

Gontard berichtete den beiden Frauen in groben Zügen, was passiert war, ließ Details aber aus.

»Nun verdanke ich einem grausamen Mord, dass ihr beide hierbleibt und mich aus der Bredouille holt«, sagte Lilli nachdenklich, und sie fügte zögerlich hinzu: »Beinahe freue ich mich darüber.«

»Der Tod des alten Schellhorn hat bisher nur Freude und Erleichterung ausgelöst. Von Trauer keine Spur«, sagte Gontard.

Mittlerweile saß Fredi in seinem Kinderhochstuhl am Frühstückstisch und kaute vergnügt an einem Kinderkeks. Er hatte mitbekommen, dass die Großeltern noch hierbleiben würden und dass der Vater für einige Tage verreist war.

»Papa weg. Oma und Opa bei Fredi.«

Hund Belami, der sich gerne in Fredis Nähe aufhielt und erwartungsvoll unter dem Hochstuhl saß, wurde für seine Treue belohnt, indem ein Kinderkeks von oben zwischen seine Pfoten fiel.

Der Kleine klatschte fröhlich in die Hände.

»Ich muss nachher zur Zeugenaussage. Ich muss mich etwas eilen«, entschuldigte sich Gontard. »Und du solltest auch mitkommen, Anna, wir haben Schellhorn ja vermutlich als letzte lebend gesehen.«

»Außer dem Mörder, mein Lieber, wo bleibt deine kriminalistische Logik?«, spöttelte Anna.

»Ich bringe Fredi in die Kita. Ihr könnt schon losfahren«, sagte Lilli. »Ich hab doch meinen freien Tag.«

Fredi begann ein wenig zu quengeln: »Oma und Opa in Kita.«

Für ganze Sätze war er noch nicht zu haben. Solange die Erwachsenen ihn auch so verstanden, hielt er sich an die fragmentarische Verständigung. Ein überzeugter Minimalist.

»Morgen, Fredi, morgen«, beruhigte Anna das Kind. »Morgen bringen Oma und Opa dich bestimmt in die Kita.«

Lilli schnappte den Kleinen.

»Wir nehmen Belami mit. Belami darf dich in die Kita bringen.«

»Bemmi mit, Bemmi mit«, jauchzte Fredi.

Oma und Opa waren vergessen.

»Womit das mit der Beliebtheitsskala geklärt wäre«, lachte Lilli. »Gegen Belami kommen wir nicht an.«

Als das Ehepaar Gontard ins Präsidium fuhr, sagte Anna, die während der ganzen Fahrt auffallend schweigsam gewesen war, plötzlich zu ihrem Mann: »Wenn wir zurück sind, muss ich dir etwas aus meiner bewegten Teenagerzeit berichten. Es hat mit Gottlieb Schellhorn zu tun. Und nicht nur mit ihm. Mit seiner Familie.«

»Du machst mich neugierig. Ein dunkles Kapitel aus deinem Leben? Meine Frau, das unbekannte Wesen.«

»Ist doch schön, wenn man auch noch nach über dreißig Ehejahren Überraschungen parat hat für seinen Partner, oder?«, konterte Anna. »Na ja, leicht wird es mir nicht fallen. Eine kleine Jugendsünde, aber was Schellhorn betrifft, sogar eine …«

Gontard musste scharf bremsen, weil ein etwa vierjähriges Mädchen sich plötzlich von der Hand einer älteren Frau losriss und auf die Fahrbahn lief.

»Ich habe geglaubt, mein Herz bleibt stehen«, sagte Anna, als das Kind, weinend zwar, im letzten Augenblick zum Trottoir zurückrannte und von der älteren Frau in die Arme genommen wurde. Gontard atmete tief durch.

»Ein Albtraum, so eine Situation. Das war bestimmt die Oma, die auf das Kind aufpassen sollte«, sagte Anna. »Aber du hast super reagiert.«

Teresa Rosinski, Halina Hajduk und Dietgard Lagné warteten schon vor dem Büro des Kripochefs, als die Gontards, immer noch aufgeregt nach dem Beinahe-Unfall eben, ein wenig außer Puste ankamen.

Manfred Berberich begrüßte die Frau seines ehemaligen Chefs sehr herzlich. »Schade nur, dass wir uns nicht unter erfreulicheren Umständen wiedersehen. Vor zwei Jahren die Mordfälle in der Westpfalz, nun in der Südpfalz wieder ein Mordfall …«

»Und inzwischen sind wir Großeltern geworden«, sagte die fast immer positiv denkende Anna.

Der Todeszeitpunkt konnte mit Hilfe der Aussagen der Gontards ziemlich genau bestimmt werden, zumal der Gerichtsmediziner, Dr. Ewald, bereits ein erstes Gutachten abgegeben hatte. Gegen 19.30 Uhr war der Mord begangen worden, also bei anbrechender Dunkelheit und ganz kurz, bevor Teresa Rosinski den Toten fand.

Hatte sie ein Glück gehabt, dass sie nicht auch noch zum Mordopfer geworden war!

David Eichenlaub sagte aus, dass er und Teresa sich ab 16 Uhr für eine Stunde etwa im Weinberg getroffen und sich dann getrennt hatten. Er hatte den Weinberg gegen 19 Uhr verlassen, war nachhause gegangen zum Abendessen.

Wie gut er aussieht, der junge Eichenlaub, dachte Anna. Großgewachsen, mit dem schwarzen Haar und den graublauen Augen, die einen seltsamen Kontrast bildeten. Mit gebräunter Haut von der vielen Arbeit im Freien und einer angenehmen Stimme. Kein Wunder, dass das Mädchen sich in ihn verliebt hat.

Dann gab Teresa zu Protokoll, dass sie, nachdem sie den Weinberg verlassen hatte, zu Halina gegangen war, um mit ihr zu plauschen. Das war gut gegen das Heimweh, ein wenig Polnisch zu sprechen. Sie war dann gegen 18 Uhr 30 wieder zuhause gewesen, hatte den Herrn Pfarrer überall gesucht und war erst dann auf die Idee gekommen, an der Burg nach ihm zu schauen, und dann ... Teresas Nerven spielten ihr wieder einen Streich. Sie konnte nicht weiterreden. »Ich bin schuldig«, stammelte sie. »Ich habe ihn getötet. Ich habe die Tür nicht verschlossen.«

Es kam zu einer sehr unerfreulichen Szene, als Dietgard Lagné nun die junge Frau mit Vorwürfen überhäufte.

»Selbst wenn Sie die Tür verschlossen hätten, was hätte alles passieren können? Man kann doch einen solchen Mann nicht mehr zwei Stunden alleine lassen. Noch nicht einmal eine Minute kann man ihn aus den Augen lassen.«

Teresas Beteuerungen, sie sei davon überzeugt gewesen, dass der alte Mann fest schlief, quittierte sie mit Hohnlachen.

Manfred Berberich nahm nun das Heft wieder in die Hand. Freundlich wandte er sich Teresa zu und fragte: »Warum kamen Sie schließlich auf die Idee, an der Burg zu suchen? Das war ein weit entferntes Ziel.«

»Er ist doch schon einmal ausgerissen zur Landeck hin, und seine Beine waren stark, obwohl er schon so alt war und im Kopf ... nicht richtig. Und er hat doch oft zur Burg hinaufgeschaut und er war ärgerlich, wenn ich die Vorhänge zugezogen habe. Er hat dieses alte Lied gesungen. Immer wieder die gleichen Zeilen: *Ein feste Burg ist unser Gott. Ein feste Burg ist unser Gott.* Es war so furchtbar.«

Sie hielt sich die Ohren zu, wurde von einem Weinkrampf geschüttelt. David Eichenlaub hielt es nicht länger auf seinem Platz aus. Er lief zu Teresa hin und nahm sie in die Arme. Das Schluchzen ließ nach.

»Danke, Frau Rosinski«, sagte Manfred Berberich. »Sie haben uns sehr geholfen mit Ihrer Aussage. Bitte hören Sie auf, sich Vorwürfe zu machen.«

Er wandte sich nun an Halina Hajduk. Sie hatte sich besonders herausgeputzt für den Tag: Eine stark geschminkte dunkle Schönheit in kurzem pinkfarbenem Rock, einem recht tief ausgeschnittenen Oberteil in der gleichen Farbe und silbrigen Stöckelschuhen. Welch Gegensatz zu Teresa Rosinski, deren weizenblondes Haar zu einem strengen Pferdeschwanz hochgebunden war. Mit ihren hohen Wangenknochen, die kein Rouge, und dem Mund, der keinen Lippenstift brauchte, um als hübsch zu gelten, wirkte Teresa natürlich und ungekünstelt. Ein dunkelblaues Sommerkleid und schwarze Ballerinas unterstrichen ihre Schlichtheit.

Wären die jungen Frauen auch in Polen Freundinnen geworden, oder war die Freundschaft einzig dem Umstand zu verdanken, dass sie hier beide Fremde waren und sich aus Gründen des Fremdseins verbündet hatten?

Als Manfred Berberich die Zeugen verabschiedet hatte, ging Halina auf die Freundin zu und umarmte sie. Dabei sah sie über

Teresas Schulter zu David Eichenlaub hin. Ihre Blicke kreuzten sich für einen kurzen Moment, doch Gontard, der mehr oder weniger zufällig in die Richtung der drei jungen Leute geschaut hatte, war aufmerksam geworden. Er wandte schnell den Blick ab und bemerkte, dass auch Anna die Szene beobachtet hatte.

Die Zeugen verließen nach und nach das Büro des Kripochefs. Im Vorbeigehen streifte Halina Hajduks Arm den Arm des jungen Eichenlaub, und sie sagte: »Oh, tut mir leid.«

Mit einem undefinierbaren Zug um den Mund – war es ein Lächeln, war es Unsicherheit, war es Verlegenheit oder gar Verärgerung – nahm er fest Teresas Hand und trat zusammen mit ihr entschlossenen Schritts vor Halina Hajduk in den Flur des Präsidiums hinaus.

Auf dem Nachhauseweg sagte Anna Gontard zu ihrem Mann: »Da knistert doch was zwischen dieser Halina und dem David Eichenlaub, oder sehe ich Gespenster?«

»Ich glaube, liebe Anna, wir sollten vorsichtig sein. Wir sollten nichts vorschnell bewerten. Außerdem: Du hättest mal sehen und hören sollen, wie der junge Eichenlaub am Tatort seine Freundin beschützt hat. Wie eine Furie hat er sich benommen. Du hättest das erleben sollen, Anna.«

»Aber nun einmal ehrlich. Ist Teresa nicht eigentlich die Hauptverdächtige? Sie hatte doch Gelegenheit, den alten Mann zu ermorden. Er starb, wie wir gehört haben, kurz, bevor sie ihn gefunden hat. Und sie hatte doch ein starkes Motiv: dieser tyrannische kranke Mann, er hat sie gequält, beschimpft, auch geschlagen. Sie war überfordert. Sie findet ihn, verliert die Beherrschung. Tötet ihn im Affekt.«

»Mit einem Messer, das sie rein zufällig eingesteckt hat. Man trägt ja als junge Frau immer ein Messer bei sich, oder? Das ist doch absurd.«

»Du hast Recht, Friedrich. Ich gebe mich geschlagen.«

Sie schwiegen eine Weile, jeder war in seine Gedanken versunken.

Dann rief Gontard aus: »Dein Bericht, Anna. Dein Bericht. Oder ist es eine Beichte?«

»Lass uns doch in ein schönes Lokal fahren«, schlug Anna vor, ohne die Frage ihres Mannes zu beantworten. »Bei einer Tasse Kaffee und Kuchen redet es sich leichter.«

Sie waren gerade kurz vor Klingenmünster, vorbei am Friedhof und der Napoleonsbank, da sagte Gontard: »Die Keysermühle da vorne, das ist doch eine Idee, oder? Und außerdem das nächste Lokal auf unserem Weg.«

»Ja, da sind wir schon eine Weile nicht mehr zusammen gewesen.«

Beim Aussteigen bemerkte Gontard, dass in der Jackentasche immer noch das Pamphlet steckte, *Nationale Religion.*

Nun mache ich mir aber bald wirklich ernste Sorgen um mich, dachte er. Morgen bekommt Berberich das Ding. Morgen bestimmt.

9. Kapitel | Das Gustav-Adolf-Fest

Anna und Friedrich Gontard nahmen in einer entlegenen Nische des Restaurants Platz.

Als herrlich duftender Kaffee vor ihnen stand und die Bedienung Käse-Sahne-Torte für beide gebracht hatte, waren sie ungestört.

Anna holte tief Luft, bevor sie begann: »Dies hier wird das Geständnis eines kleinen Techtelmechtels, wie es so schön altmodisch heißt. Und es kann ja ruhig einen altmodischen Namen haben, denn das ist 45 Jahre her. Ganz genau im Jahr 1957. Ich war sechzehn und ziemlich widerspenstig. Meine Rolle als Pfarrerstochter, die ein Leben auf dem Präsentierteller führen musste, gefiel mir gar nicht. Meine ersten Zweifel am Sinn eines von den Stationen des Kirchenjahres geprägten Alltags traten nun deutlich zutage. Ich hatte keine Lust auf den erzwungenen sonntäglichen Kirchgang, der als gutes Beispiel für die Gemeindeschäfchen meines Vaters dienen sollte. Mit gutem Beispiel vorangehen, das war eine Maxime, die für die Pfarrfamilie galt.

Der Tag, von dem ich dir erzählen werde und der vielleicht ein Licht auf den Mordfall an Gottlieb Schellhorn wirft, ist für mich eine Art Initiation gewesen. Ein Eintreten ins Erwachsenenleben in doppelter Hinsicht. Es war eine erste ernsthaftere Begegnung mit dem anderen Geschlecht und eine Begegnung mit den Schatten der Vergangenheit.

Der strahlend schöne Sommertag wird mir unvergessen bleiben. Ein Frühsommertag wie im Bilderbuch mit seiner Blumenpracht, dem farbenfrohen Schmuck unseres Dorfes und der fröhlichen Stimmung, die überall herrschte. ›Fröhliche Christen‹ nennt man heute manchmal abschätzend die Leute, die mit einer großen Portion Kindlichkeit bei Kirchentagen beten und singen und sich in friedlichem Dialog begegnen. Du weißt ja, Friedrich, dass ich auch zu diesen Lästermäulern gehöre. Und doch bin ich fürs Leben geprägt von meiner Kindheit und Jugend in einem protestantischen Pfarrhaus. Dazu noch in einem pfälzischen. Das ist nämlich noch mal eine Sache für sich. In der Pfalz spielen oder spielten Kirchenfeste eine ganz zentrale Rolle in den Dörfern und Gemeinden. Ein wahrer Kult wurde damals um das Gustav-Adolf-Fest herum betrieben. Abwechselnd fiel den verschiedenen Pfarreien eines Dekanats die Ausrichtung dieses Festes zu, das irgendwann im Sommer gefeiert wurde. Das Los fiel im Jahr 1957 auf die Pfarrei meines Vaters, auf Thalkirchen in der Nordpfalz. Schon Wochen vorher fieberte das ganze Dorf, das bis auf einige wenige katholische Flüchtlingsfamilien überwiegend protestantischen Glaubens war, dem großen Ereignis entgegen.

Meine Mutter, die, wie du ja weißt, sehr rührig und organisationsfreudig war, übte mit allen möglichen Frauen- und Kindergruppen Sketche und Lieder rund um Gustav Adolf, den Schwedenkönig, der im 30jährigen Krieg den Einfluss der Katholiken entscheidend zurückgedrängt hatte. ›Wie kann man denn durch einen Krieg und Mord und Totschlag zu einem Helden werden, den die Kirche so sehr feiert?‹, wagte ich einmal zu fragen, aber ich bekam keine Antwort. Wir Jugendlichen bekamen überhaupt wenig Antwort auf unsere Fragen, was die Geschichte betraf. Unsere Fragen verpufften.

›Sie ist in der Pubertät‹, hörte ich meine Mutter zu meinem Vater im Flüsterton sagen. Und sie seufzte dann: ›Das geht vorbei.‹

Na ja, ich vergaß für kurze Zeit meine Aufmüpfigkeit und begann, mich mit den anderen auf das Fest zu freuen, das immerhin etwas Leben in unsere Bude bringen würde, wie ich wusste. Beim

Gustav-Adolf-Fest, das im Jahr davor von der Nachbargemeinde ausgerichtet worden war, hatte ich meinen ersten flüchtigen Kuss bekommen. Zwar war es noch nicht so ganz das Wahre gewesen, aber immerhin war es ein Kuss. Das war während des Pfänderspiels, das mit anderen Belustigungen zusammen für die Pfarrerskinder im Gemeindesaal organisiert worden war. Eine alte Diakonisse mit strenger Mittelscheitelfrisur und noch strengerem Gesichtsausdruck wachte darüber, dass es gesittet und moralisch einwandfrei herging. Wir waren ziemlich laut, und die gestrenge Dame, die mit ihrem gestärkten und mit Rüschen versehenen weißen Häubchen bei uns heimlich ›die Haubenlerche‹ hieß, hielt es nicht mehr aus und verließ für einige Minuten den Saal, um sich mit einer Tasse Kaffee im Nebenraum zu regenerieren. Ob es eine Tasse Pharisäer war, wie in Norddeutschland der spezielle Kaffee heißt? Unter dessen dicker Sahnedecke sich ganz schön starker Alkohol verbirgt?«

Hier hielt Anna inne, zumal Gontard laut lachen musste, als er sich die Haubenlerche mit ihrer Tasse Pharisäer vorstellte.

»Ganz schön respektlos bist du, Anna«, sagte er. »Aber das weiß ich nicht erst seit gestern.«

Anna fuhr fort: »Egal, während dieser Pause geschah es, dass einer der Jungs, den ich schon beäugt hatte und den ich ganz passabel fand, mir einen Kuss auf den Mund drückte. Ein Pfand auch ohne Pfänderspiel, sagte er frech, und alle um uns herum lachten. Ich wurde puterrot und schwor mir, diesen Kerl keines Blickes mehr zu würdigen.

Die Diakonisse kam zurück, diesmal in Begleitung eines Presbyters. Er war ein besonders verknöchertes Exemplar von Kirchenältestem und hieß tatsächlich Knochinger. Es wurde nun anstatt der Spiele Frömmeres verordnet in Form von Kirchenliedern. Zum Glück war das Fest bald zu Ende. Den frechen Kuss-Dieb sah ich nur noch, als er ins Auto seines Vaters einstieg. Der Kuss-Dieb war übrigens Wolfgang Schellhorn, der Sohn von Gottlieb Schellhorn, meinem ungeliebten Religionslehrer.«

Anna war sich durchaus bewusst, welche Reaktion bei der Nennung dieses Namens zu erwarten war.

Gontard stieß nur hervor: »Nein, das ist doch nicht zu glauben.«

Anna fuhr unbeirrt fort: »Doch, es ist zu glauben. Nun wird es erst richtig spannend mit meinem Bericht. Der Apfel fällt nicht weit vom Stamm, dachte ich mit einem verächtlichen Blick auf Wolfgang Schellhorn. ›Wer hat diesen Schellhorn eigentlich eingeladen?‹, hörte ich abends, als wir wieder zuhause waren, meine Mutter meinen Vater fragen. ›Keine Ahnung‹, antwortete mein Vater. ›Er hat ja keine eigene Pfarrei mehr, sondern ist im Schuldienst tätig, aber er ist nun mal Theologe. Der Kollege vom Nachbarort wird ihn eingeladen haben. Ohne offizielle Einladung ist er doch bestimmt nicht erschienen. Mit diesem Menschen will man eigentlich nichts zu tun haben.‹ Das Geheimnis um diese mysteriösen Worte sollte ein Jahr später gelüftet werden, als das große Kirchenfest bei uns in Thalkirchen abgehalten wurde.

Die Girlanden aus Buchs, geflochten vom Frauenkreis und den Konfirmandinnen unter der Führung meiner Mutter, hingen an allen Häusern rund um Pfarrhaus und Kirche, schmückten den Innenraum der kleinen Barockkirche mit der Silbermannorgel. In den Girlanden steckten Papierfähnchen in der Farbe Weiß-lila. Lila Kreuze auf weißem Grund. Alle Häuser des Dorfes waren beflaggt mit den großen Fahnen in den gleichen Farben. Ich hörte einen Presbyter zu meinem Vater sagen: ›Endlich mal wieder eine ordentliche Beflaggung, wie … Na ja, Sie wissen schon.‹

Ich verstand nicht ganz, weshalb mein Vater ziemlich humorlos reagierte und verärgert erwiderte: ›Also, mein lieber Herr Bretz, das möchte ich gefälligst überhört haben. Dies hier ist doch eine andere Art von Kreuz.‹

›Na ja, aber die beiden Fahnen habe ich doch damals einträchtig nebeneinander hängen sehen, beim letzten hiesigen Gustav-Adolf-Fest. Das war vor 20 Jahren. 1937. Da gab es mehr Hakenkreuzfahnen als andere.‹

›Das war zum Glück vor meiner Zeit hier als Pfarrer‹, gab mein Vater etwas, wie mir schien, scheinheilig zurück.

Und ich habe mich gefragt, was die Erwachsenen da alles an Geheimnissen zu verbergen hatten.

Meine Frage, was Herr Bretz gemeint haben könnte, blieb unbeantwortet.

›Hoffentlich wird diesmal der Schellhorn nicht erscheinen‹, sagte meine Mutter am Tag des großen Festes. Doch der Schellhorn erschien, und zwar in Begleitung seiner Frau und seiner Kinder Dietgard und Wolfgang.

Frau Schellhorn mochte ich gern, sie hatte ein hübsches und sanftes Gesicht, doch sie ging immer leicht gebückt und in einigem Abstand hinter ihrem Mann. Die Augen hielt sie niedergeschlagen, und einmal, als ihr Mann ziemlich barsch das Wort an sie richtete während des Kaffeetrinkens in unserem großen Wohnzimmer, zuckte es um ihren Mund, als wolle sie gleich weinen.

Wolfgang ließ mich nicht aus den Augen. Ich spürte, auch ohne aufzusehen, dass er mich ständig ansah. Ich ärgerte mich, dass er mir gefiel. Du weißt ja, Friedrich«, unterbrach sie ihren Bericht, »dass ich schon immer ein Faible hatte für blonde Männer. Wie du …«

»Wie ich einmal einer war, ja«, lachte Gontard, und er fuhr sich durchs graue Haar.

»Na ja, der Kerl war in diesem Jahr, in dem ich ihn nicht gesehen hatte – denn er besuchte ja ein Jungeninternat in Landau in der Südpfalz – ausgesprochen attraktiv geworden. Die blonden dichten Haare, zu einer modischen Tolle hochfrisiert à la Peter Kraus, das sportliche Aussehen, die gebräunte Haut, seine Gestik. Seine blauen Augen und der spöttische Mund. Das alles zog mich magisch an, und ich ertappte mich des Öfteren dabei, wie ich unwillkürlich zu ihm hinsah. Dann kreuzten sich unsere Blicke, und ein undefinierbares Lächeln huschte über sein Gesicht.

Einmal sah er nach unten und stach genüsslich ein Riesenstück von der Torte ab, die vor ihm auf dem Teller lag.

Der mit bunten Sammeltassen gedeckte Tisch bog sich fast unter der Last der vielen Kuchen und Buttercremetorten, die von den Frauen der Gemeinde gebacken worden waren. Einmal, als ich wieder einmal verstohlen und gegen meinen Willen zu ihm hinsah, nahm er einen Kuchenlöffel mit Schlagsahne und leckte ihn langsam mit der Zunge ab, wobei er mir direkt in die Augen blickte. Ein neues, vorher nie gekanntes Gefühl überkam mich: ein seltsames Kribbeln im Bauch, eine kleine Schwäche, mir wurde schwindelig, und ich merkte, wie ich puterrot wurde. Gleichzeitig packte mich eine große Wut auf diesen Kerl, der mich so schamlos ansah und mich in solche Verlegenheit brachte. Niemand um uns herum schien das Schauspiel zu bemerken. Alle waren zu beschäftigt damit, die köstlichen Sahnetorten und Blechkuchen in sich hineinzuschaufeln. Die Erwachsenen waren zudem in ihre Gespräche vertieft, die Kinder stopften unentwegt viel Süßes in sich hinein und alberten herum, ermahnt von den Großen. Es setzte so manche Ohrfeige. Teenager waren in der Minderzahl, und so war es nicht weiter verwunderlich, dass unser Blicke-Geplänkel im allgemeinen Gewusel unbemerkt blieb.

Nach dem Kaffeetrinken verschwanden die meisten Frauen in der Küche, die Mütter kümmerten sich um ihre Kleinen und die Acht- bis Zwölfjährigen liefen in unseren großen Garten, wo es noch eine Schaukel aus meiner Kindheit gab. Es gab auch ein Baumhaus, Kirsch- und Mirabellenbäume zum Hochklettern und Erdbeeren, Himbeeren und Johannisbeeren zum Plündern.

Vom Kirchplatz her hörte man den Posaunenchor, der für den Abschlussgottesdienst probte:

Ein feste Burg ist unser Gott.

Die Männer, in diesem Fall die Kollegen meines Vaters, gruppierten sich um verschiedene Tische: die abgeräumte Kaffeetafel und die zwei kleineren Tische vor dem Kachelofen und der Eckbank.

Einer der Kollegen meines Vaters, ein sympathischer und sportlicher Mann, erzählte von seinem Urlaub in den Bergen. Er war als passionierter Bergsteiger und Skifahrer eine Seltenheit unter den Pfarrern. Man hörte ihm teils interessiert, teils mit unverhohlener Skepsis zu. Durfte man als Geistlicher seinen Leidenschaften frönen und von solch sportlichem Eifer beseelt sein? Ich spürte damals als Jugendliche etwas von diesem protestantischen Geist der Askese, der einem jedes Vergnügen vergällt und an seine Stelle das schlechte Gewissen setzt. Schuldgefühle. Ja, ich sollte sie kennenlernen, denn an diesem kirchlichen Festtag lernte ich ja die Liebe kennen. Noch nicht ganz, denn zu weit zu gehen, sich verführen zu lassen, so viel hatte man mir und den Mädchen meiner Generation eingeimpft, das würde direkt in die Schande führen. Es gab ein Mädchen in meiner Klasse, das behauptete, schon durch einen Kuss könne man schwanger werden. Und da niemand uns aufklärte damals, blieb diese Aussage als Möglichkeit und Schreckgespenst in den Köpfen hängen. Wir waren 15, 16 Jahre alt, und es gab keinen sexuellen Aufklärungsunterricht. Also wussten wir nichts. Vor allem wir Mädchen.

Ich ging in Richtung Speisekammer, die in unserem alten Pfarrhaus aus feudalen Zeiten geräumig ausfiel. Da standen die Torten und die Kuchen in den Regalen, Reste der üppigen Kaffeetafel. Beim offiziellen Kaffeetrinken hatte ich wenig gegessen, was damit zusammenhing, dass ich wie gelähmt war und überwältigt von diesem ganz neuen Gefühl, dem Kribbeln im Bauch. Ich hatte Nachholbedarf an Süßem, denn ich war ja schon immer ein Fan von Kuchen und Torten, wie du weißt.«

Hierbei stach Anna ein großes Stück von ihrer Käse-Sahne-Torte ab und nahm einen kräftigen Schluck Kaffee dazu.

»Ja, und du kannst es dir immer noch leisten«, bemerkte Gontard und strich sich schuldbewusst über den etwas rundlichen Bauch.

Anna fuhr in ihrem Bericht fort: »Ja, und da war auch noch ein Stück Marzipantorte von einer Presbyterfrau, die backen konnte wie eine Konditorin. Ich nahm eine Serviette, schnappte mir das Tortenstück und huschte nach oben, wo ich ungestört sein würde.

Zum Glück war gerade niemand im Flur. Vom Wohnzimmer her vernahm man die Männerstimmen, in der Küche hantierten die Frauen geräuschvoll mit dem Geschirr und den Bestecken. Von draußen drang Kinderlachen an mein Ohr, als ich mit dem stiebitzten Tortenstück die Treppe hocheilte. Vorbei an den gerahmten Miniaturen, die verschiedene Stationen aus Luthers Leben darstellten, Begleiter meiner Kindheit. Meine auserkorenen Lieblingsszenen: Luther als Junker Jörg auf der Wartburg, der ein Tintenfass nach dem Teufel wirft, und Luther, der die Nonne Katharina von Bora aus dem Kloster entführt. Wie romantisch! Oben angekommen, stellte ich mich in die Ecke des Flurs, von der aus man den Hof und den Garten überblicken konnte. Eine Gruppe der älteren Kinder spielte *Blindekuh*, einige Mütter schubsten die Schaukel an, oder sie standen unterm Baumhaus.

Mein Baumhaus, meine Schaukel von früher, dachte ich. Ich war schon lange kein Kind mehr, ohne es gemerkt zu haben. Und heute war es mir urplötzlich bewusst geworden, wie ein Blitzschlag hatte mich die Erkenntnis getroffen, dass ich eine Schwelle überschritten hatte, dass Spannendes auf mich wartete.

Das erahnte Etwas, vor dem ich gleichzeitig Angst hatte, denn es war ja eine Sünde.

Ich ließ die Biskuitmasse meiner Marzipantorte, die mit irgendetwas Alkoholischem getränkt war, genüsslich auf der Zunge zergehen. Unten im Garten spielten die läppischen Kinder nun *Kaiser, wie viel Schritte darf ich gehen?*

Wo war er? Bestimmt nicht bei den arbeitenden Frauen in der Küche, bestimmt nicht bei den Kindern. Vielleicht hatte er sich abgesetzt und rauchte hinter der Gartenlaube zusammen mit Jürgen Disqué zusammen eine Eckstein.

Vielleicht war er ja auch in die Fänge von Hilde, der scheinheiligen Tochter vom Pfarrer Bardens, geraten. Sie hatte einen beachtlichen Busen bekommen seit letztem Jahr, das hatte ich beunruhigt festgestellt. Ich reckte mich aus dem Fenster, um zur Laube hinüber zu lugen. Vielleicht stieg ja Rauch aus dem Rotdornbusch auf, oder vielleicht hörte ich die zickige Hilde kichern. In dem Moment packte mich jemand von hinten. Ich war wie gelähmt vor Schreck.

›Wen suchst du denn? Doch nicht etwa mich?‹

Ich wagte nicht, mich umzudrehen. Immer noch wie gelähmt, stand ich stocksteif da. Das restliche Stück Torte lag auf dem Läufer des Flurs. Schon wieder dieses komische Kribbeln im Bauch. Wieder dieses heimlich ersehnte und zugleich angsteinflößende Gefühl.

›Komm‹, sagte Wolfgang Schellhorn. ›Lass die dumme Torte. Ich weiß was Besseres.‹

Er drehte mich zu sich um, nahm meine zitternde Hand in die seine, öffnete die kleine Tür zu dem Kämmerchen, in dem meine alten Spielsachen lagerten, wo die Winterkleider eingemottet in Kisten verstaut waren und alte Teppiche und Wolldecken zusammengerollt den Boden bedeckten. Eine kleine schräge Dachluke ließ ein paar Sonnenstrahlen herein. Mücken tanzten im Licht. Es roch nach Mottenkugeln, nach Staub und muffigen Textilien. Ich wurde auf einen zusammengerollten kaukasischen Teppich gezogen. Das Muster aus geometrischen bunten Vögeln und Blüten, das Kratzen des rauen Teppichs auf meinen nackten Beinen und Armen. All das kommt jetzt wieder zurück, nach all den Jahren. Kannst du das aushalten, mein lieber eifersüchtiger Ehemann?«, fragte Anna leicht spöttelnd dazwischen. Doch sie wartete die Antwort nicht ab. »Wolfgang Schellhorn sagte mit seltsam heiserer Stimme: ›Wir machen da weiter, wo wir letztes Jahr aufgehört haben. Das war ja nichts Richtiges. Diesmal machen wir es richtig.‹

Küssen, Kinderkriegen, Sünde und Schande, ging es in meinem Kopf durcheinander.

›Du schmeckst nach Marzipan‹, flüsterte er. Und er zog mich ganz fest an sich. Ich spürte seinen Atem auf meiner Haut, in meinem Nacken, und ich verlor fast die Besinnung. Das ist es also, das Verführtwerden, dachte ich.

Doch ich wurde mitgezogen in den Taumel. Die Mücken, die im Licht tanzten. Alles war schön, alles war so schwebend, leicht. Das Kribbeln im Bauch. Die Küsse, diesmal die echten. Der gestärkte zitronengelbe Petticoat kratzte an meinen Beinen. Er knisterte erotisch. Zu weit gehen. Aufs Ganze gehen. Kinderkriegen vom Küssen. Nein. Ich musste mich wehren. Ich stieß ihn von mir, aber er zog mich noch fester an sich, bedeckte meinen Hals mit Küssen, schob den knisternden Petticoat hoch.

Carpe diem. Nun verstand ich die lateinischen Vokabeln, die ich gestern erst in mein Oktavheftchen eingetragen hatte. Links *Carpe diem*, rechts *pflücke den Tag.* Untendrunter stand links *Mea maxima culpa* und rechts *meine größte Schuld.*

Ich war bereit, den zweiten Begriff für den ersten zu vergessen.

Schritte kamen die Treppe hoch. Schwere Männerschritte.

›Mal ein bisschen weg von den Kollegen unten‹, hörte ich die tiefe Stimme meines Vaters sagen.

›Ja, ein wenig Verschnaufpause von all den nikotinfeindlichen Tugendbolden‹, sagte eine etwas hellere Männerstimme.

›Ja, sündigen wir ein bisschen, Herr Kollege‹, stimmte mein Vater ein. ›Ich mit meiner Pfeife, Sie mit Ihren Sargnägeln ohne Filter.‹

Das Pfeiferauchen passt zu dir, sagte meine Mutter manchmal zu ihm. Du bist ja auch ein bisschen altväterlich, mein fränkischer Rauschebart.

Die hellere Stimme gehörte Theodor Frieling, dem ›schwarzen Schaf unter den Pfarrern des Dekanats‹, wie ich meine Eltern einmal sagen hörte. Er war schlank, fast schmächtig, dieser Theodor Frieling, und er hatte einen ganz kleinen Gehfehler. Die Spuren von Kinderlähmung, wusste meine Mutter. Ich mochte ihn gut leiden, diesen so jugendlich wirkenden Kollegen meines Vaters, der herzlich lachen, aber auch urplötzlich todernst dreinschauen konnte. Nie verfiel er in jenen salbungsvollen Tonfall, der vielen Pfarrern eigen ist. Wie ein trauriger Clown kam er mir manchmal vor. Er, der Kettenraucher war und schon dadurch in den Augen der meisten Frommen das Etikett schwarzes Schaf verdient hatte, war eine Art Bohemien unter den Pfarrern. Ja, ich mochte ihn, diesen etwas anderen Pfarrer, aber ich hasste ihn auch in diesem Moment. Warum kamen die beiden ausgerechnet jetzt nach oben, wo ich das Carpe diem so genoss? Die Strafe ist es, sagte etwas in mir, die Strafe dafür, dass ich mich mit dem anderen Geschlecht eingelassen hatte, ich verdorbenes Ding. Ich war auf einmal starr wie eine Puppe. Auch Wolfgang war offenbar die Lust vergangen. Er hielt inne mit seinen Zärtlichkeiten. Beide hielten wir den Atem an.

Mein Vater öffnete die Tür zu seinem Studierzimmer, schloss sie nicht an diesem heißen Tag. Wir zwei verhinderten Turteltauben hörten jedes Wort, bekamen das Gespräch der beiden Männer deutlich mit.

›Immer noch die gleiche Sargnägel-Marke?‹, fragte mein Vater den Kollegen.

›Klar, Bali bleib ich treu für und für‹, lachte Theodor Frieling.

›Und ich meinem Tabak. Wildkirscharoma‹, sagte mein Vater. ›Sogar meine Frau und meine Tochter mögen den Duft.‹

Die Männer steckten sich ihren Glimmstängel beziehungsweise die Pfeife an. Es herrschte einen Moment Ruhe.

›Ein schönes Fest‹, begann Theodor Frieling. ›Aber wer hat nur den geschätzten Amtsbruder Schellhorn eingeladen?‹

Die Frage war voller Ironie.

›Amtsbruder? Er hat ja keine Pfarrei mehr, ist in den Schuldienst abgewandert. Ich habe ihn nicht eingeladen.‹

›Zu erscheinen mit Frau und Kindern, wie dreist‹, vernahm man Theodor Frielings Stimme. ›Das heißt: Frau und Kinder können ja nichts dafür. Sie tut mir leid, diese Magdalena Schellhorn, und die beiden Kinder kann man auch mögen. Die leiden bestimmt alle drei unter dem Tyrannen. Solch einem …‹

Er sprach das Wort nicht aus.

Was er wohl meinte? Ich war verwirrt, alles war so peinlich. Die

Lust aufs Turteln war uns vollends vergangen. Wolfgang Schellhorn war rot geworden vor Scham.

Der Horcher an der Wand hört seine eigene Schand, besagt das Sprichwort. Aber ist die Schande des Vaters auch die Schande des Sohnes? dachte ich. Ich fasste Wolfgangs Hand, streichelte sie unwillkürlich. Ich ließ die Hand des Jungen nicht los während der ganzen Zeit, die uns zu Zeugen eines Gesprächs machte, das sich eingebrannt hat in mein Gedächtnis. Seltsam, dass ich dir davon nicht eher schon erzählt habe«, räsonierte Anna.

»Der Name Schellhorn war ja vorher nie gefallen, wozu auch«, antwortete Gontard lakonisch. »Wir haben alle so einiges versteckt in den Nischen unseres Lebensgebäudes.«

Und Anna fuhr in ihrer Erzählung fort.

10. Kapitel | Culpa

»›Wie schön geschmückt Ihr Dorf heute ist‹, sagte Theodor Frieling, und ich hörte ihn an seiner Zigarette ziehen.
Das Wildkirscharoma des Pfeifentabaks meines Vaters zog bis in unsere Kammer. Frieling sprach weiter: ›Aber diesmal zum Glück nur mit einer Sorte von Fahnen. Ich erinnere mich, wie die Hakenkreuzfahnen und die Fahnen unserer Kirche einträchtig nebeneinanderhingen, und das war besonders ausgeprägt, als Amtsbruder Schellhorn noch eine Pfarrei hatte, nämlich eine Nachbarpfarrei in der Südpfalz.‹
Wir beiden da oben spitzten die Ohren.
›Ein *Deutscher Christ* aus echtem Schrot und Korn war das‹, sagte mein Vater. ›So ein Hundertfünfzigprozentiger. Der Liebling unseres Landesbischofs Ludwig Diehl, der nun, nachdem der braune Spuk vorbei ist, gnädig als Vermittler bezeichnet wird und der sogar nach dem Krieg kurz in Amt und Würden war, allerdings nur in einer kleinen westpfälzischen Pfarrei. Unser aller Landesbischof Diehl, der mit dem Goldenen Parteiabzeichen. Aber man darf es ja nicht so laut sagen. Immer noch nicht. Dabei möchte man es doch herausschreien: Ihr habt euren Vorzeige-Märtyrer, Dietrich Bonhoeffer. Ihr habt euren mutigen Martin Niemöller, der inhaftiert war und überlebt hat. Ihr hattet eine ganze Reihe von Neinsagern unter den protestantischen Pfarrern, einige kritische pfälzische Theologen wie Heinz Wilhelmy, Mitglied der bekennenden

Kirche. Die hat man alle mundtot gemacht. Die hatten Familien, mussten Rücksicht nehmen, haben daher geschwiegen. Aber vor allem haben wir Protestanten die *Deutschen Christen* hervorgebracht, die Martin Luther mit Adolf Hitler gleichgesetzt haben. Beide kernige, deutsche Männer, so hieß es. Protestanten ohne Protest. Ja, das waren wir‹, sagte mein Vater, und ich hörte aus seinen Worten und aus seinem Tonfall ein großes Gefühl von Bedauern heraus.

›Sie, lieber Amtsbruder Frieling‹, fuhr er fort, und das Wort Amtsbruder klang freundschaftlich und herzlich, ›Sie haben sich nichts vorzuwerfen, wie ich weiß. Wie man Sie geplagt hat. Die aufgehetzten Hitlerbuben haben Ihnen hässliche Parolen an die Wand geschrieben, man hat Ihren Gottesdienst boykottiert, man hat Aufmärsche organisiert am Sonntagmorgen, man hat Ihre Konfirmanden verprügelt. Das hat mir einmal jemand im Vertrauen erzählt damals.‹

›Ja, mit roter Farbe haben Sie mir an die Wand geschrieben: *dreggige Komunistensau*. Die waren ja nicht nur böse, sondern auch dumm. Bosheit und Dummheit gehen meist zusammen. Und mein Dackelchen, meinen Seppel, haben sie mir vergiftet und meinen Kater, das Mohrle. Am Schuppen des Pfarrhauses war ein Galgen aufgemalt, daran hing ein dünnes Männlein im Talar und mit Beffchen, und darunter stand: *Elender Krippel, verrekke.*‹

›Furchtbar. Und die Rolle von Schellhorn?‹, fragte mein Vater.

›Ich habe einmal Einblick in meine Personalakte im Speyerer Kirchenarchiv bekommen. Ich denke, es war nicht mehr alles vollständig. Ich kann es nicht beweisen. Aber die Denunziationsakte von Schellhorn war noch drin. Ich wäre damals ja ums Haar nach Dachau gekommen, aber unser aller Landesbischof Diehl hat mal wieder vermittelt. Leider muss ich ihm dankbar sein. Obwohl …‹

›Ja‹, stimmte mein Vater zu. ›Manchen Leuten ist man nur ungern dankbar. In Dachau sind einige unserer katholischen Amtsbrüder gelandet. Und für einige war es die Endstation. So für den Pfarrer aus Rheingönheim. Den Wilhelm Caroli. Ein tapferer Mann.‹

›Ja, die waren mutiger, unsere katholischen Kollegen‹, sagte Frieling. ›Da gab es keine *Deutschen Christen*, nicht so offiziell zumindest wie bei uns. Vielleicht lag es auch daran, dass sie ohne Familien waren. Das Zölibat hat sie freier gemacht. Mutiger auch. Und sie hatten keine Kultfigur wie wir Protestanten. Ich meine Martin Luther, den die Nazis für ihre Zwecke leider missbraucht haben. Luther, der die Keule schwingt und die Gegner totschlägt, dreinhaut und dazwischengeht. Sie kennen ja die berühmte Luther-Darstellung. Das hat den Nazis gefallen. Er war ein Gottesmann nach ihrem Sinn. Aber er hat das nicht verdient, der arme Luther. Soweit meine Meinung. Obwohl man so einiges gegen ihn sagen kann aus heutiger Sicht. Er hat die Bauern im Stich gelassen in den Bauernkriegen und war, zumindest in seinem letzten Lebensabschnitt, ein Judenfeind. Doch er war auch der Verfasser der Schrift *Von der Freiheit eines Christenmenschen*. Er war einer, der unbestritten Mut hatte. Ein Reformator eben. Ein Spracherneuerer. Wir haben ihm viel zu verdanken.‹

›Luther, Luther, ja‹, sagte Frieling. ›Da kommen wir wieder zu Schellhorn. Dem mit dem Luther-Fimmel.‹

Da musste ich in der Kammer oben, in dieser grotesken Situation, auf einmal kichern, denn ich sah den ungeliebten ›Luther‹ von mir, meinen Religionslehrer. Und ich lag hier in der Dachbodenkammer auf einem modrig riechenden Teppich und hielt Händchen mit dem Sohn dieses fiesen Religionslehrers, der, wie mir nun ganz bewusst wurde, ein flammender Nazi gewesen war.

›Fromm und wehrhaft, ja, das war Schellhorn‹, fuhr Theodor Frieling fort. ›Und die Sache mit Kazimira und ihrem Kind, dem kleinen Józef, ist nie ganz aufgeklärt worden. Und ich habe den Schellhorn in Verdacht, dass er sie auf dem Gewissen hat. Aber ohne Beweise …‹

Wolfgang Schellhorns Hand krampfte sich zusammen in meiner Hand. Doch ich ließ ihn nicht los, streichelte den zittrigen Handrücken, bis er sich entspannte. Er schloss die Augen. Er horchte angestrengt, und sein Atem ging stoßweise.

›Leise‹, flüsterte ich voller Angst. ›Sie dürfen uns nicht entdecken. Es ist unser Geheimnis.‹

Er öffnete die Augen, schaute mich mit einem seltsamen Ausdruck an. War es Dankbarkeit? Nun ist das Gespräch zu Ende, dachte ich, aber wir sollten noch mehr erfahren.

›Ja, Kazimira, die junge Polin, die Ostarbeiterin‹, fuhr Theodor Frieling fort. ›Sie haben sie ins KZ gebracht, nach Natzweiler, in den Struthof. Und das Kind ist zuletzt in einem Lager im Flurteil Mörschgewann bei Ludwigshafen untergebracht worden zusammen mit anderen bedauernswerten Kindern von Zwangsarbeitern, und dort ist er irgendwie verschollen. Das waren für die braunen Unmenschen Untermenschen.‹

›Der Schellhorn war nicht der Einzige, der schuldig wurde‹, hörte ich meinen Vater sagen. ›Die meisten von uns haben mit den Lämmern geschwiegen und mit den Wölfen geheult.‹

Es herrschte Schweigen da unten im Studierzimmer meines Vaters.

Die Düfte von Wildkirsch und der Qualm von Frielings filterlosen Sargnägeln vermischten sich und drangen nach oben bis in die Dachbodenkammer, in der wir dicht aneinandergepresst und den Atem anhaltend unfreiwillige Zeugen einer großen Schuld wurden. Wo Wolfgang Schellhorn zum ersten Mal erfuhr, dass sein Vater nicht nur ein Mitläufer, sondern ein bewusst Handelnder gewesen war im braunen System.

›Ach je, ich könnte noch viel mehr berichten‹, seufzte Theodor Frieling. ›Ich bin ja auch nicht ohne Schuld. Das ist alles noch komplexer, als Sie ahnen, lieber Amtsbruder Nüsslein.‹

In diesem Moment begann der Posaunenchor draußen seinen Choral zu spielen:

Ein feste Burg ist unser Gott,
ein gute Wehr und Waffen.

›Wir müssen abbrechen‹, sagte mein Vater bedauernd.

›Jetzt, wo es erst interessant werden würde, ja‹, bemerkte Theodor Frieling.

›Aber vielleicht gibt es zu anderer Zeit Gelegenheit, das Gespräch fortzusetzen‹, meinte mein Vater. ›Das Gespräch über den ›Luther‹.‹

›Den Luther?‹, kam die erstaunte Frage.

›Ja, meine Tochter Anna und ihre Klassenkameraden nennen ihn so wegen seines Luther-Fimmels.‹

Ich wurde sehr rot und schaute zu Wolfgang Schellhorn hoch. Der verzog den Mund, gab aber keinen Kommentar ab.

›Da tun die Schüler aber unserm dicken Reformator Unrecht, wenn Sie ihn mit diesem, diesem …‹, Frieling suchte nach dem richtigen Wort, ›… diesem schlimmen Gottesmann vergleichen.‹

›Jetzt aber runter zu den anderen‹, drängte mein Vater. ›Da werden einige die Nase rümpfen und den Rauch erschnuppern.‹

Die Treppe knarrte unter den Schritten der beiden Männer. Wir zwei sahen uns ratlos an.

›Nun verachtest du mich‹, flüsterte Wolfgang Schellhorn.

›Nein. Du kannst doch nichts für deinen Vater.‹

Ich gab Wolfgang Schellhorn einen raschen Kuss auf den Mund, sprang von meinem Teppichlager auf und eilte die Treppe hinunter. Man hatte mich schon vermisst.

Ein paar jüngere Mädchen wollten meinen Hulareifen ausleihen.

›Aber macht ihn mir nicht kaputt‹, rief ich und holte das knallrosa Ding.

Wolfgang Schellhorn kam aus dem Haus, bewusst schlendernd und mich keines Blickes würdigend.

Sein Vater suchte ihn schon, rief barsch seinen Namen. Er sah verärgert aus, eine furchterregende Vaterfigur. Sein kantiges Kinn bebte, seine buschigen Augenbrauen über den zornig dreinblickenden Augen waren bedrohlich hochgezogen. Er befahl Wolfgang, einzusteigen. Magdalena Schellhorn, Wolfgangs Mutter, versuchte etwas zu sagen, wurde aber von ihrem Mann in den Senkel gestellt: ›Schweig, Frau.‹

Gesenkten Hauptes nahm sie den Beifahrersitz ein. Ich sah, dass Wolfgang Schellhorns Fäuste geballt waren. Er stieg hinten neben seiner kleinen Schwester Dietgard ein. Die kaute still an ihren Nägeln. Beim Wegfahren warf Wolfgang Schellhorn mir einen flehenden und fragenden Blick zu, der vieles bedeuten konnte: Hütest du unser Geheimnis? Werden wir uns wiedersehen? Das Geheimnis habe ich gehütet, aber wir haben uns nicht wiedergesehen. Er reiste ins Internat ab. Seinen Vater bekam ich zum Glück im nächsten Schuljahr nicht mehr als Religionslehrer, und irgendwie habe ich allmählich die ganze Familie Schellhorn und diesen Festtag vom Sommer 1957 vergessen.«

Anna schwieg.

»Wie hieß die Polin, von der dieser Theodor Frieling erzählt hat?«, wollte Gontard wissen.

»Kazimira«, entgegnete Anna. »Da bin ich mir ganz sicher. Solch einen Namen habe ich vorher und nachher nie gehört. Und die Geschichte hatte mich natürlich eine Weile beschäftigt. Ich habe mir vorgestellt, wie das wohl damals gewesen war mit dem Kind. Ich habe auch nie eine Frage gestellt, was Ostarbeiter oder Zwangsarbeiter betraf. Ich hätte dadurch ja unser Geheimnis verraten. Auch das Geheimnis des verpatzten Schäferstündchen da oben in der Kammer.«

»Ach, die verlogene Zeit nach dem Krieg«, sagte Gontard. »Nichts als Verdrängung und Lügen. Aber viel besser ist es ja auch heute noch nicht geworden, und guck dir mal die aktuelle Politik an.«

»Was meinst du, Friedrich?«

»Wer zwischen den Zeilen lesen kann, der kann doch erkennen, dass Amerika auf einen Krieg im Irak drängt. Und seit dem 11. September 2001 verfolge ich noch genauer als sonst die Nachrichten und die Zeitungskommentare. Im Juli erst hat der englische Premierminister Tony Blair davon geredet, dass George W. Bush mit der vollen Unterstützung Englands im Kampf gegen den Terror und die irakische Bedrohung rechnen kann.«

»Ich denke, die westlichen Mächte haben Saddam Hussein mit Waffen unterstützt?«

»Weißt du, was ich glaube, liebe Anna? Genau diese westlichen Waffen werden bald gegen die Länder gerichtet werden, aus denen sie kommen.«

»Du siehst wieder mal sehr schwarz, mein Lieber. Ich hoffe, du hast Unrecht«, sagte Anna beschwichtigend.

Gontard machte der Bedienung schweigend ein Zeichen, dass man zahlen wolle.

»So richtig konnten wir unseren Kaffee und Kuchen nicht genießen, oder?«, sagte Gontard, als sie zum Auto gingen.

»Ja, so mancher Genuss wird getrübt«, meinte Anna in Anspielung auf ihr gestörtes Schäferstündchen im Jahr 1957.

»Aber immerhin gab es viele Genüsse seither«, ergänzte sie, die ewig Optimistische, mit einem vielsagenden Blick zu ihrem Mann hin.

Auf der Fahrt nach Niederzell fragte Gontard plötzlich: »Anna, hast du eine Idee, wer Näheres wissen könnte über jene junge Frau, Kazimira, und über ihr Kind?«

»Ja, Schellhorn, aber der ist tot«, erwiderte Anna trocken. »Und mein Vater vielleicht, und der ist auch schon lange tot. Aber ... Theodor Frieling. Wenn man den ausfindig machen könnte? Doch was soll der Schnee von gestern? Du rührst einfach immer wieder in der Vergangenheit herum. Das ist alles ein halbes Jahrhundert her und noch länger. Alles längst verjährt.«

»Aber du musst zugeben, dass das Herumrühren in der Vergangenheit viele meiner Fälle gelöst hat«, erwiderte Gontard.

Anna sagte nichts darauf, doch plötzlich rief sie aus: »Wolfgang Schellhorn. Vielleicht weiß der auch etwas. Der wird doch noch angehört von Berberich und dir, wenn er aus dem Urlaub zurück ist? Diese Dietgard Lagné war ja sehr kühl mir gegenüber im Präsidium. Mit Nostalgie hat sie nichts am Hut. Sie hat abgeblockt, als ich sie an früher erinnern wollte, an die Feste, als wir Kinder waren.«

»Ach je, jetzt habe ich das Pamphlet ja immer noch einstecken«, sagte Gontard auf einmal. »Erinnerst du mich heute Abend, wenn Fredi im Bett ist, mal daran, dass ich dir das zeige?«

Anna wollte sich genauer nach dem »Pamphlet« erkundigen, doch es gab Dringlicheres zu tun. Sie waren in Niederzell angekommen, wo Lilli schon ein wenig ungeduldig darauf wartete, dass ihre Eltern sie bei der Bespaßung von Fredi, dem quecksilbrigen Kleinen, ablösten.

11. Kapitel | Ein Spaziergang

»Oma«, rief Fredi und lief in die ausgebreiteten Arme von Anna Gontard.

»Mein Schätzchen.«

Sie küsste den Kleinen und sagte: »Guck, Fredi, der Opa ist auch da.«

Fredi löste sich aus Annas Umarmung und rannte auf Gontard zu, der das Kind mit einem Schwung hochhob.

»Aua, mein Rücken«, seufzte er und setzte den Kleinen ab. »Man sollte früher Opa werden und nicht erst, wenn man schon ziemlich aus dem Leim geht.«

»Aus dem Leim, aus dem Leim«, wiederholte Fredi.

»Na, waren deine Freunde in der Kita lieb?«, fragte Gontard.

Statt einer Antwort streckte Fredi dem Opa und der Oma das rechte Ärmchen hin, wo man einen roten Abdruck sehen konnte.

»Was ist das?«

»Nils beißen.«

»Ja«, bestätigte Lilli die Worte ihres Sohnes. »Der kleine Nils beißt ab und zu die anderen Kinder. Seine Eltern sind gerade dabei, sich zu trennen. Da bekommt er bestimmt so einiges mit, der arme Kerl.«

Fredi schaute mit seinen großen blauen Augen zu seiner Mutter hoch, und sie lenkte ab.

»Heute gehen Oma und Opa mit dir auf den Spielplatz.«

Zu ihren Eltern sagte sie: »Das ist doch recht, oder?«
»Du willst uns aus dem Haus haben, und wir verstehen das. Du musst Hefte korrigieren. Das ist in Ordnung. Ein Spaziergang tut uns eh gut«, antwortete Gontard.
Im Flur klingelte das Telefon. Lilli nahm den Hörer ab.
»Es ist für dich, Papa«, sagte sie.
Es war Manfred Berberich. Er vermisste etwas. Das kleine Buch war nicht eingetütet worden von der Spurensicherung. Mit tausend Entschuldigungen erklärte Gontard das Fehlen des Beweisstückes und versprach, es Berberich am nächsten Tag auszuhändigen.
»Gibt es etwas Neues?«, fragte er den Kripochef.
»Nein. Wir suchen noch nach eventuellen anderen Zeugen. Nach Spaziergängern, nach Leuten, die Schellhorn auf dem Weg zur Burg gesehen haben. Vielleicht war er ja zwischendrin in Begleitung. Oder jemand ist ihm gefolgt und wurde beobachtet. Man kann nie wissen.«
Dann bat Berberich seinen alten Chef, am nächsten Tag zu ihm aufs Präsidium zu kommen. Zu einer Lagebesprechung.
Der Weg zum Spielplatz des Dörfchens führte an einem stattlichen Gehöft vorbei, das Gontard schon aufgefallen war, wenn er mit Anna zusammen spazieren gegangen war, meist in Begleitung des Enkelsöhnchens.
Der Fachwerkbau mit dem schönen Renaissancebogen hob sich von den anderen, kleineren Winzerhöfen deutlich ab. Er war offenbar neu restauriert worden, und das große Hoftor verriet Wohlstand und Ansehen der Besitzer. Ein Emblem in der Mitte des Torbogens aus hellem Kalkstein stellte eine Eiche dar. Die einzelnen Blätter waren in lindgrüner Farbe hervorgehoben. Der Baum wurde von einer Jahreszahl umkränzt.
1607.
»Das hat den Dreißigjährigen Krieg überlebt, das schöne Bauernhaus«, sagte Gontard.
»Und die Franzosenkriege offenbar auch«, meinte Anna.

Jetzt erst sah man, in blassblauer Schrift hervorgehoben, die Namenszüge der Erbauer.

Anna Maria Eichenlaub. Johann Georg Eichenlaub.

Da heiratet die Teresa aber in ein nobles Gehöft ein, dachte Gontard. Oder vielleicht ja doch nicht.

Die kleinere eckige Tür, die in das große runde Tor eingelassen war, stand leicht offen, und Anna, die den Kinderwagen mit Fredi schob, rief aus: »Guck mal, Friedrich, die schönen Feigenbäume im Innenhof. Und diese riesigen Oleander. Bei uns in Hohenkirch würde ich keinen Feigenbaum durchkriegen. Ich hab es mal versucht, aber unser Odenwälder Klima ist zu rau dafür. Ich …«

Sie konnte nicht weitersprechen, denn aus dem Hofinnern drang eine hysterische Frauenstimme: »Nur über meine Leiche. Nur über meine Leiche.«

Ein junger Mann schrie zurück, ebenso unbeherrscht: »Dann halt über deine Leiche. Und ich heirat' sie doch.«

»Und das aus dem Mund vom eigenen Sohn. Vom einzigen Kind. Unser Hof und diese, diese … Mörderin. Niemals.«

»Du wirst die Mörderin zurücknehmen, Mutter. Augenblicklich.« Die Stimme des jungen Mannes überschlug sich.

Ein älterer Mann schaltete sich beschwichtigend ein: »Nun gebt doch mal Ruhe, ihr zwei. Was sollen denn die Leute von uns denken? Es wird eh schon geredet im Dorf. Die verreißen sich die Mäuler. Schon lange.«

»Ja, weil unser Herr Sohn sich mit einer Ausländerin herumtreibt. Eine Polin, das hat uns gerade noch gefehlt. Die Polinnen, die haben immer nur Unglück gebracht hier im Hof, stimmt's, Alfons?«

Die brüchige Stimme eines anderen, älteren Mannes, war zu hören: »Was weißt du schon davon? Hast es doch nicht erlebt.«

»Stimmt, nichts weiß ich als Gemunkel. Es war ja eure saubere Familie«, nicht meine«, kam es keifend zurück.

»Ach, Onkel Alfons, lass das mit den alten Geschichten. Ich kann es nicht mehr hören.«

Eine Tür fiel krachend ins Schloss. Man hörte gleich danach den Motor eines Autos laut aufheulen. Das Auto fuhr davon, Bremsen quietschten. Anna schob den Kinderwagen weg von diesem Ort des Zwistes. Es war den Großeltern peinlich, Zeugen eines bösen Streits zu werden, umso mehr, als sie den Kleinen gerne abgeschirmt hätten.

»Frau schimpft«, sagte Fredi und hielt sich die Ohren zu.

Die Welt, wie gerne hätte man sie heil, dachte Gontard. Für Kinderohren. Für Kinderaugen. Für die Kinderseele.

Der Spielplatz war heute verwaist. Fredi sah die Schaukel, die Rutsche, die Wippe. Das Klettergerüst, das wie eine Ritterburg aussah, mit Türmen und einer Seilbrücke. Schon war die hässliche Szene vergessen.

Kinder sind zu beneiden, dachte Gontard. Sie leben im Augenblick, freuen sich am Jetzt.

Zeilen eines Gedichts gingen ihm durch den Kopf:

Du musst das Leben nicht verstehen, dann wird es werden wie ein Fest.

Und lass dir jeden Tag geschehen, so wie ein Kind im Weitergehen sich viele Blüten schenken lässt.

Das war was von Rilke, oder?

Während Fredi, müde vom Wippen, Schaukeln, Klettern und Rutschen sich schließlich im Sandkasten zu schaffen machte mit Kuchenbacken und Kuchen-Kaputtmachen, saßen die Großeltern auf der Bank und bewachten den Kleinen.

Sie unterhielten sich leise über die unerfreuliche Szene und das Verhältnis zwischen David Eichenlaub und seinen Eltern.

»Seine Mutter hält Teresa für eine Mörderin«, sagte Anna.

»Absurd«, war die Antwort ihres Mannes.

»Heim, heim zu Mama«, drängte Fredi. Er hatte genug vom Spielen.

Die Gontards beschlossen, einen Umweg zu nehmen, vor allem aber, das Eichenlaubsche Gehöft zu meiden.

Fredi, erschöpft vom langen Aufenthalt auf dem Spielplatz, schlief unterwegs im Kinderwagen ein, und die Großeltern lieferten ihrer dankbaren Tochter Lilli nach drei Stunden ein zufriedenes Kind ab, das sich bereitwillig zu Bett bringen ließ.

»So, nun sollte ich dich an etwas erinnern, das du mir noch zeigen wolltest«, sagte Anna zu ihrem Mann, als sie nach dem Abendessen bei einer Tasse Tee alleine im Wohnzimmer saßen. »Ich bin gespannt, welches Geheimnis du da für mich hast. Das Foto einer vollbusigen Blondine?«

»Na, das ist ja nicht mein Typ, wie du weißt«, entgegnete Gontard. »Warte, ich hole das Ding.«

Fredi schlief tief und fest, und Lilli hatte sich auch schon hingelegt. Sie war müde nach ihrem »freien Tag«, den sie mit Küche, Kinderhüten und Korrigieren verbracht hatte. Das Haus war ruhig.

»Da ist das verflixte Pamphlet.«

Er legte das Buch auf den Tisch.

»Oh, tu das modrige Ding weg. Das riecht und sieht aus, als sei es aus der Steinzeit«, wehrte Anna ab.

»Vom Inhalt her könnte man das auch meinen. Was ewig Gestriges. Das war das Buch, das Schellhorn in der Hand hielt, als wir ihn auf der Bank sahen. Die Bibel, wie du im Scherz gesagt hast.«

»Eine dünne Bibel, ja«, sagte Anna. »Aber müsste das Ding nicht bei den Beweismitteln liegen? Die Spurensicherung ...«

»Ja«, sagte Gontard zerknirscht, »ich hab es in Gedanken eingesteckt und vergessen, es Berberich zu geben.«

Anna verzichtete diplomatischerweise auf einen Kommentar, und Gontard schlug eine beliebige Seite auf. Er las ihr die Passage vor, in der Paul de Lagarde gegen das Alte Testament hetzt, gegen das »jüdische Element« im Christentum, das es auszumerzen gälte, und über »Abraham und Genossen«.

»Ach«, sagte Anna. »Da kommen bei mir Erinnerungen auf an Religionsstunden bei Gottlieb Schellhorn. Wir Kinder haben die Sprüche, die er damals losließ, eigentlich nie richtig verstanden. Er wetterte gegen die ›neue Zeit, die alle alten Werte über Bord warf‹. Die neue Zeit war die Zeit nach dem Krieg, die alten Werte waren die Werte der Nazis. Einmal nahm er die Bibel und hieb mit den Fäusten darauf, dann schrie er: ›Eigentlich sollte dieses Buch bereinigt werden von dem alten Judenkram. Aber das darf man ja heute nicht mehr sagen. Wir leben in einer Demokratie. Und wir, die wir die deutschen christlichen Werte verteidigen wollen, wir müssen schweigen. Wie ein Hund mit einem Maulkorb kommt man sich da vor.‹ Wir haben den Schellhorn groß angeguckt und wirklich nicht verstanden, was er meinte. Er ist irgendwie erschrocken über seine eigenen Worte: ›Ihr habt das nicht gehört, was ich eben gesagt habe. Wer ein Sterbenswörtchen davon erzählt, kriegt eine Sechs in Religion.‹ Wir waren noch die lehrerhörige Generation. Schellhorn hatte nichts zu befürchten von unseren Eltern, die ja zum Großteil immer noch dachten wie er.

Ich habe Schellhorn als Dobermann gemalt mit spitzen Ohren und einem Maulkorb. Er hat den Zettel entdeckt und fürchterlich getobt, und bestimmt hätte er mir mit dem Lineal Tatzen auf die ausgestreckten Finger gegeben, wie er es oft genug tat, aber als Tochter eines Pfarrers war ich so eine Art Persona sancta, was körperliche Züchtigung betraf. Er rührte mich nicht an. Zur Strafe musste ich aber alle Strophen von *Ein feste Burg* fünfzig Mal abschreiben. Und das Schlimmste, ich musste das Lied vor der ganzen Klasse vorsingen in der nächsten Stunde. Du weißt, dass ich nicht singen kann. Es war die reine Folter. Die anderen haben gekichert, Schellhorn hat gefeixt und noch eins drauf gesetzt nach meinem Vortrag: ›Schäm dich, als Pfarrerstochter hat man musikalisch zu sein. Haben deine Eltern dir das nicht beibringen können? Das ist mir aber mal ein christliches deutsches Haus!‹ Er war ein Sadist, dieser Schellhorn, und auf das Bloßstellen von Kindern verstand er sich blendend. Unvorstellbar, was Lehrer in den fünfziger und sechziger Jahren sich alles erlauben konnten. Heute ist es umgekehrt. Da gehen die Eltern schon wegen der geringsten Anlässe gegen die Lehrer vor.«

»Ja, das stimmt. Die arme Lilli. Da wird noch etwas auf sie zukommen in ihrem Beruf«, sagte Gontard und steckte das Pamphlet in seine Jackentasche zurück. »Aber nun lass uns zu Bett gehen. Ich muss morgen früh zu Manfred Berberich aufs Präsidium gehen.«

In der nicht mit gutem Schlaf gesegneten Nacht bewegten Gontard zwei Gedanken.

Theodor Frieling musste ausfindig gemacht werden. Er war doch ein Zeitzeuge, und er konnte vielleicht im Fall Gottfried Schellhorn weiterhelfen.

Der andere Gedanke kreiste um Wolfgang Schellhorn, den Sohn des Mordopfers. Der wäre doch bald aus dem Urlaub zurück, und man sollte die Geschwister Schellhorn zusammen in der Wohnung ihres Vaters verhören.

Ein anderer Gedanke schlich sich ein, während Gontard sich von einer Seite auf die andere wälzte.

Die Eltern von David Eichenlaub sind noch nicht vernommen worden. Und dieser Onkel, wie hieß er noch mal? Onkel Alfons, hatte David Eichenlaub ihn genannt. Drei Menschen, von denen er nur die Stimmen kannte, als er mit Anna und Fredi am Winzerhof der Eichenlaubs vorbeigekommen war.

Gontard stellte sich vor, wie die drei wohl aussahen. Die keifende Mutter Eichenlaub: eine dominante Frau, ihren Mann in jeder Hinsicht überragend, auch an Körpergröße? Ein schmächtiger Vater Eichenlaub und ein etwas dicklicher Onkel Alfons? Es war wie beim Schäfchenzählen: Mit einem Lächeln im Gesicht ließ Gontard die drei grotesken Fantasiegestalten an sich vorbeiziehen und schlief ein.

12. Kapitel | Ein Tyrann

1944, in einem deutschen Pfarrhaus.

Das Kind versteckt sich in einer Höhle, so nennt es den Verschlag unter der Treppe.

Gerne versteckt es sich in seiner Höhle, denn da fühlt es sich sicher. Sicher vor der Stimme des Vaters, denn die Stimme macht dem Kind mehr Angst als alles andere. Der Vater schlägt das Kind manchmal, aber schlimmer ist das Brüllen. Das tut in den Ohren weh, und selbst wenn man beide Finger fest gegen die Ohren presst, dringt die Stimme in den Kopf ein. Es gibt keinen Schutz.

Hier in der Höhle hält man es aus. Man kann sich unter den Kissen vergraben, die hier aufgetürmt sind. Alte Federbetten und Matratzen.

Die Mutter hat vorhin geweint. Der Vater hat gebrüllt. Ganz plötzlich hat er das Essgeschirr genommen, hat es gegen die Wand gefeuert. Zuerst den Teller, dann eine kleine türkisfarbene Schale mit roten Herzchen drauf. Die Lieblingsschale des Kindes, worin es immer seinen Pudding isst. Teller und Schale zersprangen klirrend. Die Scherben fielen zu Boden. Dann kam das Besteck hinterher. Messer, Gabel, Löffel. Der metallene Ton vibriert jetzt noch in den Ohren des Kindes. Die kleine Schwester in ihrem Hochstuhl begann leise zu weinen. Die Mutter versuchte, den tobenden Riesen, der nicht aufhören wollte mit seinem Gebrüll, zu beruhigen. Sie warf sich vor ihm auf den Küchenboden, der hart war mit seinen karierten Steinen. Sie flehte den Riesen an mit ihrer sanften Stimme: »Denk an die Kinder. Sie sollen das doch nicht hören.«

»Hättest du an die Kinder gedacht, dann hättest du nicht getan, was du getan hast.«

Er fasste sie beim Arm, der mächtige Riese, und er riss sie grob zu sich hoch und schrie: »Du bist nicht die Heilige Elisabeth, oder? Was hast du der Polenschlampe Essen zu bringen? Heimlich. Hinter meinem Rücken.«

»Sie hat ein Kind. Das ist doch Christenpflicht. Ein Gebot von Barmherzigkeit.«

Sie wimmerte, die zierliche Frau mit dem blonden geflochtenen Haarkranz, der wie zu einer goldenen Krone hochgesteckt war.

»Christenpflicht, Christenpflicht«, äffte er sie nach. »Aber nicht deutsche Christenpflicht. Wir sind deutsche Christen, und das ist katholisches Gesocks. Polnisches dazu. Untermenschen. Slawische Sklaven. Haha, schönes Wortspiel. Slawische Sklaven.«

Er lachte schallend über den gelungenen Witz.

Das Kind, der Junge, vier, beinahe fünfjährig, wollte der Mutter beistehen. Sie beschützen vor dieser Stimme, diesen Pranken. Doch der Arm der Mutter, rot angeschwollen, hing schlaff vom Körper. Leises Wimmern.

»Das nächste Mal«, brüllte der Riese. »Das nächste Mal kommst du auch nach Natzweiler. Oder nach Dachau.«

Jemand klopfte an die Tür zur Küche.

»Richte dich her«, fährt der Riese die Mutter an. »Du siehst ja ganz unordentlich aus.«

Die Mutter wischt sich die Tränen vom Gesicht, sie streicht ihre blauweißgemusterte Schürze, ihr Kleid glatt. Sie strafft den Rücken. Sie nimmt die Kleine aus dem Hochstuhl, wiegt sie beruhigend im Arm. Das Kind, der Junge, ballt die kleine Faust, streicht der Mutter heimlich über den Arm, der immer noch blutrot ist. Sie legt kurz ihre Hand auf den blonden Kopf des Jungen.

Das Gesicht des Riesen verzerrt sich zu einer freundlichen Maske.

Er brüllt nun nicht mehr. In gekünsteltem Tonfall sagt er: »Herein.«

Dann säuselt er zuckersüß: »Ach, der Herr Presbyter Klein. Wie geht es Ihrer Frau und den lieben Kindern? Lassen Sie uns ins Amtszimmer nach vorne gehen.«

Beim Verlassen der Küche wirft er einen Blick auf die kleine verängstigte Gruppe von Frau, Sohn und Tochter. In dem Blick liegt eine große Warnung.

»Räum das weg«, sagt er zu seiner Frau und deutet auf die am Boden liegenden Scherben.

Die Mutter setzt sich, nachdem der Riese den Raum verlassen hat, auf die kleine, mit Bauernblumen bemalte geschnitzte Eckbank.

Die kleine Schwester sitzt auf dem Schoß der Mutter, den Jungen zieht sie hoch, damit er neben ihr Platz nimmt. Sie umarmt ihre beiden Kinder ganz fest. Dabei flüstert sie: »Wenn ihr nicht wärt, dann hätt' ich mich schon längst umgebracht.«

Der Satz krallt sich im Hirn des Jungen fest, er wird ihn nicht vergessen sein Leben lang.

Die kleine Schwester wird sich später nicht daran erinnern. Denn sie ist noch zu jung. Zu klein. Er wird keine Spuren hinterlassen.

Wenn ich groß bin, denkt der Junge, wenn ich groß bin, dann werde ich ein Ritter. Und ich werde den Riesen töten.

13. Kapitel | Nostalgie

Wie schnell dieser Sommer vergangen ist, dachte Anna Gontard.
Sie saß auf der Terrasse hinterm Haus und genoss die Ruhe, nachdem sie Fredi in der Kita abgeliefert hatte. Lilli war schon zur ersten Stunde zur Schule gefahren und Gontard hatte das Haus verlassen, als sie eben zurückkam. Er war mit dem Kripochef im Präsidium in Ludwigshafen verabredet. Sie würde mit Muße die Zeitung lesen, bevor sie sich ans Aufräumen machte. Marita Fischer war immer noch krank. Es war eine schwere Sommergrippe.
Anna war froh, Lilli jetzt unterstützen zu können. Sie wusste selbst, wie anstrengend es war, Schule, Kind und Hausarbeit unter einen Hut zu bringen. Lilli sah in letzter Zeit manchmal sehr müde aus, und Anna machte sich um ihre Tochter, die sonst doch ziemlich belastbar war, einige Sorgen. Alles war stressiger geworden für Lehrer, und Anna war erleichtert, selbst nicht mehr im Hamsterrad strampeln zu müssen, so gerne sie Lehrerin gewesen war. Lilli hatte das alles: nicht nur den Beruf, auch das quirlige Kind. Das alte schöne Anwesen mit dem großen Garten. Stilvoll, aber mit viel Arbeit verbunden.
Anna schaute über den Bauerngarten, zu dem ein Plattenweg bis zum Klingbach hin führte. Wie schnell die Sommerblumen verblüht waren. Zuerst die Laube mit den Glyzinien, die Jasminbüsche, die Pfingstrosen, die Kornblumen und der Klatschmohn, die Hibiskussträucher und der Sommerflieder, die Hortensienbüsche

und der Lavendel. Nun standen die Dahlien in dichten Stauden und die hohen Sonnenblumen in vollster Blüte. Doch bald würden auch sie verwelkt sein, ihre Köpfe verdorrt von den Stängeln hängen, kraftlos und alt.

So, dachte Anna und richtete sich mit einem Ruck auf, und nun ist Schluss mit den morbiden Gedanken. Statt *Memento mori* doch lieber *Carpe diem*.

Sie wandte sich der Zeitungslektüre zu, die jedoch auch nicht gerade dazu angetan war, sie sehr positiv zu stimmen.

Nun war bald der Jahrestag von Nine Eleven. Die New Yorker Anschläge vom 11. September 2001.

Sie sah die Fernsehbilder vor sich, die auf allen Sendern immer wieder gezeigt worden waren. Die beiden Tower, die zerbröselten, als seien sie aus Teig, viele, viele kleine Punkte, die in der Luft herumwirbelten. Sie hatte an jenem Tag gerade Lilli, Fabrice und Fredi besucht, die noch in Courcelles bei Metz wohnten.

»Mama, guck mal, die Punkte da, das sind ja Menschen«, rief Lilli entsetzt aus. »Die stürzen sich aus dem Hochhaus.«

Nein, keine Zeitung, dachte Anna. Ich mach mir noch einen Kaffee, und dann geht's ans Aufräumen.

Belami, der eine ganze Weile schon unterm Terrassentisch gelegen hatte, schnarchte ein wenig. Er wird alt, dachte Anna.

Er merkte nicht, dass Anna ins Haus ging. Sie trug ihre Humpentasse nach draußen, als Belami plötzlich hochfuhr und wie verrückt bellte. Zu früh für den Briefträger, den er auch hier in Niederzell zum Erzfeind erklärt hatte wie dessen Odenwälder Kollegen in Hohenkirch daheim. In Niederzell kam die Post immer erst am Nachmittag.

Anna ging über die Schwelle der Terrassentür und wurde starr vor Schreck. Vor ihr stand ein großer schlaksiger Mann in ihrem Alter, graublond, die langen Haare zu einem Pferdeschwanz zusammengebunden. Die Tasse mit dem Kaffee war ihr aus der Hand gefallen und zerschellte auf den terracottafarbenen Fliesen. Belami bellte immer noch, aber es war ein freudiges Bellen. Sein Schwanzwedeln verriet, dass dieser Fremde nicht auf der Liste seiner Erzfeinde stand.

»Entschuldigung«, sagte der Fremde, »habe ich es mit Anna Nüsslein zu tun?«

Anna wollte schon empört fragen, mit wem sie es denn zu tun hatte, als sie den leicht spöttischen Zug bemerkte, der um den Mund des fremden Mannes lag.

»Nein, das ist doch nicht möglich?«, stammelte sie. »Wolfgang? Wolfgang Schellhorn?«

Seltsame Gedanken schlugen in ihrem Kopf Purzelbäume: Er trägt nicht schwarz, sondern ein ganz buntes sommerliches Freizeit-Outfit. Helle Hose, buntes Hemd. Er ist so fröhlich. So locker. Ach, wie lange ist das alles her. Das Gustav-Adolf-Fest. Die stickige Kammer. Das Kribbeln im Bauch und das unfreiwillige Belauschen des Gesprächs der beiden Männer. Der Tabakgeruch: Bali und Wildkirsche. Der Geschmack von Küssen, das Kratzen des Petticoats an den Beinen und die Angst. Das schlechte Gewissen. Der bittersüße Geschmack der Sünde. Und dann war sie wieder in der Gegenwart. Die Erkenntnis: Er weiß noch nicht, dass sein Vater …

Sie wollte es ihm augenblicklich sagen, aber er sprudelte hervor: »Ich bin ein verrückter Hund, war ich ja schon immer. Ich hab dich eben im Dorf gesehen. Du hattest einen kleinen Bub an der Hand. Dein Enkel vermutlich?«

Er ließ Anna keine Zeit zum Antworten und fuhr fort: »Zuerst war ich mir nicht ganz sicher. Ein wenig älter sind wir halt schon geworden, du und ich. Aber dein Gang, deine schlanke Figur, fast wie damals. Hast dich gut erhalten. Sorry, gut gehalten, wollte ich sagen. Ich bin eben in meinen Fachjargon geraten. Ich bin Restaurator geworden auf vielen Irrwegen. Abgebrochenes Studium, Aussteigerjahre in Indien und auf Gomera, mit allem Drum und Dran, Drogen und so … habe dann doch noch die Kurve bekommen. Also: Gut gehalten hast du dich, wollte ich sagen. Ich bin dir nachgefahren eben, hab in der Nebenstraße geparkt, wollte dich überraschen. Obwohl ich ja eigentlich meine Schwester überraschen wollte. Die wohnt hier in der Nähe. Dietgard. Dietgard Lagné. Aber ich rede wie ein Wasserfall.«

Er sagte noch einmal »Sorry« und schwieg dann.

Er weiß es wirklich nicht, dachte Anna. Und ich muss es ihm schonend beibringen.

»Setz dich doch, Wolfgang. Ich mach uns einen Kaffee. Einen neuen.« Sie sammelte die Scherben der Humpentasse ein, wischte den Kaffee von den Fliesen weg.

»Auweia, das war Lillis Lieblingstasse. Na ja, ich kauf ihr eine neue. Lilli ist unsere Tochter, sie wohnt hier mit Mann und Kind.«

Sie eilte in die Küche und überlegte, wie sie dem Sohn am besten mitteilen würde, dass sein Vater Opfer eines grausigen Mordes geworden war.

»Wie heißt du denn eigentlich, wenn nicht mehr Nüsslein?«, fragte der Überraschungsgast, als sie mit Tablett, zwei Kaffeetassen, Milch und Zucker zurück zur Terrasse kam. »Ist dein Mann auch hier zu Besuch?«

»Ja, ich heiße Gontard. Und Friedrich ist heute Morgen in Ludwigshafen. Da hat er früher als Kripochef gearbeitet. Und nun hilft er seinem Nachfolger ... seinem Nachfolger ...«

Meine Güte, dachte Anna, welch groteske Situation.

»... bei der Aufklärung eines Mordes.«

Nun ist Schluss, dachte Anna, ich gehe wie die Katze um den heißen Brei herum.

»Wolfgang, du, ich muss dir etwas ganz Schlimmes berichten. Du hast offenbar keine Ahnung, was passiert ist. Es geht um ein Verbrechen in Niederzell.«

Sie holte tief Luft: »Kurz und schlecht: Dein Vater ist tot. Er ist ermordet worden.«

Alles hätte Anna erwartet, nur nicht diese Reaktion eines Sohnes.

Wolfgang Schellhorn barg sein Gesicht in beiden Händen, und Anna dachte zunächst, er sei von einem Weinkrampf geschüttelt. Doch der Weinkrampf war ein Lachkrampf.

Er schnappt gleich über, dachte Anna, das ist ein Verrückter. In ihrer Verunsicherung nahm sie die Kaffeekanne und goss sich und dem Gast Kaffee nach. So war es schon immer gewesen: In Extremsituationen musste sie sich zu schaffen machen. Sie goss dem immer noch glucksenden Mann Milch ein, ließ Würfelzucker in seine Tasse plumpsen.

Er sah auf: »Schwarz trinke ich meinen Kaffee lieber, aber egal, ist gut gemeint.«

Er war auf einmal ganz ernst geworden, trank wie ein folgsames Kind seinen süßen Milchkaffee.

Dann fragte er ganz ruhig: »Wie genau …?«

Bevor Anna ihrem Gast berichtete, nahm sie selbst einen Schluck Kaffee. Als sie geendet hatte, herrschte zunächst tiefes Schweigen.

Vom Nachbarhof her hörte man das Gackern von Hühnern. Ein paar Häuser weiter mähte jemand den Rasen. Eine Kirchenglocke schlug mit metallenem Ton zweimal zur halben Stunde. Aus dem Gebüsch kam Susel, die Glückskatze. Sie legte sich genussvoll auf das niedere, von der Morgensonne beschienene alte Mäuerchen, das den Garten an einer Seite begrenzte.

»Welche Idylle«, unterbrach Wolfgang Schellhorn das Schweigen. »Und welche Nachricht.«

Er sah zu Anna hinüber, und um seinen Mund spielte der für ihn typische ironische Zug.

»Ich sollte um meinen Vater trauern. Weinen, mein Haupt mit Asche bestreuen. Oder doch zumindest ein bisschen traurig sein. Aber es geht nicht. Es geht nicht.«

Anna nickte stumm. Ja, ich weiß, bedeutete ihr Nicken. Ich kann mir denken, wie du unter diesem Vater gelitten hast. Ich habe als Schülerin unter ihm gelitten. Und ich habe das Gespräch von damals nicht vergessen, das wir zwei belauscht haben in unserem

Liebesnest. Ohne dass sie die Worte aussprach, schien er ihre Gedanken erraten zu haben. Zumindest teilweise.

»Danke für dein Verständnis, Anna«, sagte er. »Ich habe ihm den Tod gewünscht, seitdem ich ein Kind war. Und noch mehr später, nach Mutters Selbstmord. Das war 1972.«

Dann stand er auf und sagte: »Nun muss ich aber zu Dietgard gehen.«

Er schüttelte Anna die Hand.

»Danke für den Kaffee. Schön, dich nach so langen Jahren so … so wohlbehalten wiederzusehen. Du hast bestimmt einen guten Mann?«

»Ja, den habe ich wirklich.«

Und nun lachte sie: »Stell dir vor. Eine meiner Tanten, die mich nicht leiden konnte, hat einmal gesagt, und es war ihr ernst damit: ›Einen solch guten Mann hast du gar nicht verdient‹.«

Nun lachten beide, wenn auch etwas verlegen. Wolfgang beugte sich in seiner ganzen Länge zu Belami hinunter, streichelte ihn. Der graublonde Pferdeschwanz fiel dabei zur Seite.

»Oh«, sagte Anna auf einmal. »Wo ist deine Peter Kraus-Haartolle geblieben?«

»Und wo dein knisternder Petticoat?«, konterte Wolfgang Schellhorn.

Dann verschwand er um die Ecke.

Man hörte kurz darauf, wie ein Auto gestartet wurde.

»Komm, Belami, Zeit für ein Leckerli, und ich muss nun in die Gänge kommen, es ist schon fast elf Uhr.«

Seltsam, dachte sie, während sie das Mittagessen richtete. Er hat gar nicht gefragt, ob es schon einen Verdächtigen gibt.

Sie stellte den Herd ab. Dann machte sie sich auf den Weg, um Fredi von der Kita abzuholen.

14. Kapitel | Eine Festnahme und ein Besuch

Fredi schlief fest und friedlich wie ein Engelchen nach dem Morgen in der Kita. Ein Morgen der kleinen Kümmernisse war das gewesen für den Kleinen: Diesmal war es zwar ohne Bisse vom kleinen Nils abgegangen, dafür hatte er sich das linke Knie aufgeschlagen, als er vom Klettergerüst sprang. Tränen waren geflossen. Dann nahm ihm Lena, die eigentlich seine Freundin war, auch noch sein Bären-Lieblingsförmchen im Sandkasten weg. Er war mit der Welt fertig. Nur das von der Oma vorgesetzte Lieblingsessen, Nudeln und Broccoli, versöhnte ihn einigermaßen. Nach dem Essen war er todmüde mitten beim Vorlesen der *Raupe Nimmersatt* in Annas Armen eingeschlafen.

Lilli hatte heute ihren langen Tag und würde erst gegen halb fünf von Landau heimkommen.

Anna war beim Abwaschen, als ihr Mann hereingestürmt kam.

»Stell dir vor, die Tatwaffe ist gefunden worden und ein Verdächtiger wurde verhört.«

Dieses unerwartete Geschehen machte es unmöglich für Anna, zu Wort zu kommen und von ihrem morgendlichen Überraschungsgast zu erzählen.

»Ein Wärter des Pfalzklinikums hat bei einem Patienten bei dessen Sachen das blutverschmierte Messer gefunden, eingewickelt in ein Handtuch. Die Anstaltsleitung hat den Mann umgehend gemeldet. Er wurde nach Ludwigshafen gebracht und gleich verhört.«

»Ach«, sagte Anna. »Irgendwie hab ich an diese Möglichkeit auch schon gedacht. Am Ende ist es jemand aus der Klinik. Da gibt es doch auch gewaltbereite Patienten, oder?«

»Aber es ist keiner aus der Klinik. Hör weiter: Der Mann leidet unter paranoider Schizophrenie und hat das Messer gefunden. Er hat sogar gesagt, wo genau, nämlich hinter der Nikolauskapelle. Er hatte Freigang. Man muss ihm glauben: Er hat keine Ahnung, dass der Mord oben an der Burg passiert ist, er hat immer was von der Kapelle gefaselt und von einem göttlichen Auftrag im Namen des Heiligen Nikolaus. Er hat nämlich noch einen religiösen Wahn dazu, der bedauernswerte Mensch. Und für die Tatzeit hat er ein ganz lupenreines Alibi. Er war am Tag, an dem der Mord passiert ist, sehr unruhig und war keine Sekunde ohne Aufsicht. Unmöglich, dass er sich hätte davonschleichen können. Er war auch mit Medikamenten ruhiggestellt worden, völlig apathisch und hat die meiste Zeit geschlafen. Erst am nächsten Tag war er einigermaßen wiederhergestellt und bekam einen kleinen Spaziergang erlaubt. Dabei hat er das Messer gefunden. Nun wird die Waffe auf Fingerabdrücke untersucht, was natürlich schwierig sein wird. Zu viele Spuren sind verwischt. Es ist übrigens so eine Art Winzermesser. In einem Weinort nichts Rares, und bestimmt ist der Mörder nicht zwangsläufig ein Winzer.«

Er machte eine Pause.

»Tut mir leid, Anna. Ich überschütte dich mit Informationen. Der Mann ist natürlich freigelassen worden. Ein armer Kerl, wirklich. Er war völlig verstört und dachte, er wird ins Zuchthaus gesteckt und dann gehenkt. Die Ärzte werden ihn nun sedieren müssen.«

»Ich hatte Besuch heute Morgen.«

Anna konnte nun ihrerseits nicht hinterm Berg halten mit ihren Neuigkeiten. Sie kam nur zu einer sehr knappen Berichterstattung, denn man hörte durchs Babyfon, wie Fredi oben in seinem Bettchen sich hin und herwarf und am Aufwachen war.

»Nun geht's wieder rund«, sagte Anna. »Hast du eigentlich zu Mittag gegessen?«

»Ja, in der Kantine zusammen mit Manfred Berberich. Es war schön, noch einige bekannte Gesichter zu sehen. Aber ansonsten ist dort eine neue Zeit angebrochen. Alle so jung. Viel Hektik. Ich hab mich fehl am Platz gefühlt.«

»So geht es mir auch, wenn ich mal an meine alte Schule zurückgehe. Lauter junge Lehrer. Fremd fühlt man sich und bleibt dann halt weg, auch wenn man eingeladen wird zum Abtrunk am Schuljahresende oder so. So ist es im Leben, alles hat seine Zeit.«

Bevor Anna nach oben ging, fragte sie: »Wie geht es jetzt weiter mit dem Fall? Verhaftet ihr nun alle Winzer der Region auf Verdacht?«

Gontard ignorierte die Ironie in Annas Worten.

»Berberich kommt am späten Nachmittag nach Niederzell. Wir haben uns schon bei Dietgard Lagné angemeldet. Und ihr Bruder ist ja nun auch früher gekommen als vorgesehen, wie wir wissen. Wir treffen uns in der Wohnung des alten Schellhorn. Und du wirst dabei sein, Anna. Ich hab das Gefühl, du könntest nützlich sein.«

»Ach, wie schön, gebraucht zu werden«, sagte sie nicht ohne einen Seufzer und eilte nach oben, denn Fredi begann, laut nach der Oma zu rufen. Er war im Schlafsack durch das Loch im Gitterbettchen gekrochen und hüpfte auf und nieder.

Es wurde ein lebhafter Nachmittag, und als Lilli müde von der Schule heimkam, bedauerte Anna, sie nun mit dem trotz Bespaßung durch die Großeltern immer noch munteren Kerlchen alleine lassen zu müssen. Sie sollte ja »nützlich sein« beim Besuch der Schellhorn-Geschwister.

»Geh schon, Mama«, sagte Lilli. »Morgen hab ich nur vier Unterrichtsstunden, davon sind zwei eine Klausuraufsicht. Dabei kann ich mich ja fast erholen. *If you know, what I mean, Mum.*«

»*I know what you mean, dear*«, erwiderte Anna und verließ mit ihrem Mann das Haus.

15. Kapitel | Ein feste Burg

Dietgard Lagné und ihr Bruder warteten schon auf die Gontards und den Kripochef aus Ludwigshafen.

Nach dem Austausch der üblichen Floskeln bekundete Manfred Berberich dem Sohn des Ermordeten sein Beileid. Der Kripochef rechnete nicht damit, dass Wolfgang Schellhorn darauf noch weniger Wert legte als seine Schwester.

Anna bemerkte leicht amüsiert, wie ihr Mann Wolfgang Schellhorn intensiv musterte, und sie hätte wetten können, dass sie seine Gedanken kannte. Oh ja, blond und mit langen Haaren, auf diesen Männertyp war Anna doch fixiert, und es spielte keine Rolle, dass ihr Idealtyp nun auch schon Anfang 60 und die Haare nicht mehr blond, sondern graublond waren. Aber es war ja nicht ohne Reiz, wenn ein Ehemann auch nach all den Jahren noch ein klein wenig beunruhigt, sprich eifersüchtig, ist.

Sie sah sich in der Wohnung um, die Dietgard Lagné für ihren Vater gemietet hatte. Es war ein Zimmer, das in Anna schon beim Betreten Unbehagen ausgelöst hatte, und bei näherem Prüfen der Einrichtung war ihr bewusst, woher dieses Unbehagen kam. Die Einrichtung spiegelt den Besitzer, heißt es, und hier traf es exakt zu. Schwere klotzige Möbel aus der Gründerzeit und ebenso schwere Vorhänge aus dunkelrotem Samt wirkten erdrückend und bedrückend.

Vor allem aber die Bilder, die an den Wänden hingen, dicht an dicht, ließen in Annas Erinnerung den Mann lebendig werden, unter dem sie als Schulmädchen gelitten hatte.

Die Kunstlehrerin Anna erkannte in dem vergrößerten Druck, der über dem Schreibtisch mit den Löwenfüßen hing, den Holzschnitt von Hans Holbein d. Jüngeren, der Luther als »Hercules Germanicus« darstellte.

Man sieht darauf Luther, eine Keule schwingend, und zu seinen Füßen liegen die Feinde des Reformators: der päpstliche Inquisitor Jakob Hochstraten und mehrere Vertreter der Scholastik, die dem Reformator verhasst waren.

Daneben ein Bild von Luther, der als trutziger Nationalheld vor dem Reichstag von Worms 1521 sein berühmtes *Hier stehe ich, ich kann nicht anders, Gott helfe mir. Amen.* ausgesprochen haben soll, nachdem er sich weigerte, seine 95 Thesen zu widerrufen. Ein Werk des berühmten Historienmalers Anton von Werner.

Weitere verklärte und kitschige Darstellungen aus dem 19. Jahrhundert hingen gerahmt über dem eichenen Esstisch. Annas Blick ging hoch zu *Luthers Tischgebet*, wo Luther als Pater familias dargestellt ist, umgeben von seinen Studenten, die bei ihm Kost und Logis fanden in diesem ersten deutschen protestantischen Pfarrhaus der Geschichte, dem ehemaligen Augustinerkloster zu Wittenberg. Luthers Kinder sitzen andächtig und mit geneigten Köpfen auf niederen Schemeln, seine Frau Katharina von Bora bedient die Männerrunde.

Ja, dachte Anna, das entspricht so ganz dem Rollenklischee der protestantischen Pfarrfrau: Sie hat häuslich und demütig zu sein. Dabei war Katharina von Bora eigentlich nicht demütig. Luther soll sie gelegentlich »Herr Käthe« genannt haben. Das Bild hatte auch in ihrem elterlichen Pfarrhaus in Thalkirchen gehangen. Es gab da diesen Ausspruch Luthers, dass Frauen eben mal fürs Haus gemacht waren, denn »sie haben einen breiten Po«.

Wolfgang Schellhorn hatte Annas Blicke bemerkt und sagte mit spöttischer Miene: »Ja, so war es doch in unseren Pfarrhäusern, oder? Bei euch allerdings bestimmt nicht so ausgeprägt wie bei uns.«

»Ja«, stimmte Dietgard Lagné dem Bruder zu: »Unser Vater war ... eigen. Und er wurde immer eigensinniger, je älter er wurde. Er hielt an Dingen fest, die mit der Vergangenheit zu tun hatten, wurde zornig, wenn man sie ihm wegnehmen wollte. Deshalb ist dies alles hier immer noch nach seinem Geschmack eingerichtet. Er war noch nicht in dem Stadium der Demenz, wo die Vergangenheit überhaupt keine Rolle mehr spielt.«

»Welche Dinge waren das, an denen er um jeden Preis festhalten wollte?«, fragte der Kripochef. »Gehört dazu auch das Buch *Nationale Religion*? Das Buch, das er bei sich hatte, als man ihn getötet hat?«

Gontard hatte ihm vor dem Besuch bei den Geschwistern das Buch ausgehändigt und ihm den nationalsozialistischen Inhalt kurz skizziert.

»Ach ja«, sagte Dietgard Lagné, »das schreckliche Buch trug er immer bei sich. Es war wie ein Fetisch. Ich wollte es einmal in die Mülltonne werfen, aber er hat es gemerkt und getobt wie ein Wilder. Aber wissen Sie, dass dieser unsägliche geistige Brandstifter Paul de Lagarde immer noch als anerkannter Religionsphilosoph gilt?«

»Ich weiß zum Beispiel«, hakte Wolfgang Schellhorn sich ein, »dass Lagarde nicht nur von Nazis wie Hitler und Alfred Rosenberg verehrt wurde, sondern auch von Richard Wagner und sogar von Thomas Mann. Eine unsägliche Verirrung.«

Dann wandte er sich direkt an die beiden Kriminologen: »Glauben Sie, dass der Mord an unserem Vater mit seiner politischen Einstellung damals und heute zu tun hat?«

»Es ist eine Möglichkeit«, erwiderte Manfred Berberich.

»Ich glaube, es ist eine Gewissheit«, meinte Gontard.

»Und ich glaube, ich sollte Ihnen nun die Schatulle zeigen«, sagte Dietgard Lagné.

»Welche Schatulle?«

»Die mit den Fotos und dem ganzen Krimskrams. Auch so eine Art Fetisch für meinen Vater. Ich geh schnell rüber und hole die Kiste.«

»Das ist komisch«, sagte sie, als sie zurückkam. »Ich hätte wetten können, dass ich die Schatulle woanders verstaut habe. Daher hab ich eine Weile gebraucht, bis ich sie fand.«

Sie stellte die kunstvoll geschnitzte Kiste auf dem Tisch ab, öffnete sie und nahm einen metallenen Gegenstand heraus. Es war eine Anstecknadel. Auf dem Medaillon der Nadel sah man unter dem Porträt Luthers die Jubiläumsdaten eingetragen: *10. November 1483 - 10. November 1933*

Luthertag. Darunter die Lutherrose.

»Das war das Jubiläum zum 450. Geburtstag des Reformators«, erklärte Dietgard Lagné. »Das Ding liebte er, unser Vater, und am liebsten hätte er es immer am Revers angesteckt bei sich getragen. Das habe ich aber nicht zugelassen.«

»Na ja, es ist ja kein ausgesprochenes Militaria-Stück«, bemerkte der Antiquitätenexperte Gontard. »Da sind noch ganz andere Embleme aus der Nazizeit in Umlauf, und das weiß ich von den Antikmärkten und Auktionen: Sie werden als Gegenstände von historischem Wert angeboten und tragen das Hakenkreuz.«

Dietgard Lagné zeigte auf die Fotos, die in der Schatulle gestapelt waren.

»Auch von denen konnte er sich nicht trennen. Er wollte sie immer wieder gezeigt bekommen, wenn er seine lichten Momente hatte.«

»Ausgerechnet.« Der Zug um Wolfgang Schellhorns Mund hätte spöttischer nicht sein können. »Gib mal her, Schwesterherz. Die Fotos kenne ich nicht.«

»Alles unbekannte Leute vor unserer Zeit oder aus der Zeit, als wir Kleinkinder waren. Er war ganz närrisch mit diesem Zeug.«

Wolfgang Schellhorn nahm ein Foto nach dem anderen aus der Schatulle und reichte es weiter.

»Hast Recht, die kennen wir nicht, diese Leute.«

Da war ein Gruppenfoto vom Predigerseminar in Speyer aus dem Jahr 1936 mit freundlich lachenden jungen Theologen. Ein neutrales Foto ohne politische Aussage. Dann aber mehrere Fotos von Massenaufmärschen der *Deutschen Christen*: Hakenkreuzfahnen neben den Fahnen mit dem christlichen Kreuz. Auf einigen dieser Fotos nahm man Gottlieb Schellhorn wahr. Ein Foto vom Diakonissenausflug 1937: als Tischschmuck auf der gedeckten Kaffeetafel kleine Fähnchen mit dem Hakenkreuz.

»Die freundlichen Haubenlerchen«, spöttelte Wolfgang Schellhorn. »Auch sie waren gleichgeschaltet.«

Einige Gruppenbilder mit Konfirmanden, Gottfried Schellhorn als strenger Pfarrer in der Mitte. Die Hakenkreuzfahne im Hintergrund war unübersehbar, davor das hölzerne Kreuz auf dem Altar.

»Alles *Deutsche Christen*«, sagte Wolfgang Schellhorn. »Und unser Vater war einer der eifrigsten davon und hat seine Konfirmanden einer besonderen Hirnwäsche unterzogen. Einpauken der braunen Ideologie, unterm christlichen Mäntelchen versteckt.«

Da gab es Aufnahmen von Landesbischof Ludwig Diehl zusammen mit Josef Bürckel, dem schrecklichen Gauleiter der Saarpfalz.

»Bürckel war unter anderem für die Deportationen der Juden nach Gurs in den Pyrenäen im Jahr 1940 und für die Tötung behinderter Menschen verantwortlich«, sagte Gontard.

Ein Foto zeigte Reichsbischof Ludwig Müller, im Talar einherschreitend nach seiner Amtseinführung im Berliner Dom im September 1934, den Arm zum Hitlergruß erhoben.

»Diese schlimmen *Deutschen Christen* gab es überall damals«, sagte Anna. »Nicht nur in der Pfalz. Ich habe neulich bei uns in der Zeitung gelesen, dass in der Gemeinde Laudenbach an der Bergstraße, ganz bei uns in der Nähe, ein böser Nazipfarrer sein Unwesen trieb. Er predigte prinzipiell in SS-Uniform, es gab einen Führeraltar und ein Führerglasfenster, extra angefertigt für die

Kirche. Es stellte, soweit ich weiß, Petrus dar, wie er den Himmelsschlüssel an Hitler übergibt. Das Glasfenster ist nach 1945 spurlos verschwunden. Man munkelt, dass amerikanische GIs es als Kriegstrophäe mitgenommen haben in die USA.«

»In der Kirche in Freckenfeld hier ganz in der Nähe gab es übrigens auch so ein martialisches Glasfenster mit Soldaten aus dem Ersten Weltkrieg im Schützengraben, dahinter das Hakenkreuzbanner. Das Fenster haben sie nach Kriegsende entfernt. All das kommt allmählich an die Öffentlichkeit, es hat lange genug gedauert«, sagte Dietgard Lagné.

»Oh, was ist das denn?« Wolfgang Schellhorn hielt ein Foto in der Hand und starrte entgeistert darauf.

»Das ist doch …«, er reichte das Foto zu Anna hinüber. »Den kennst du auch, Anna.«

Das Foto stellte einen sehr schlanken, dunkelhaarigen Mann in Talar und Beffchen dar, umgeben von einer ganz kleinen Schar ernst dreinblickender Konfirmanden und Konfirmandinnen.

Nach einigem Zögern sagte Anna: »Ja, das ist Theodor Frieling. Ich erkenne ihn ganz deutlich. Dies hier ist zwar ein jüngerer Theodor Frieling, und wir kennen …«

»Ja«, ergriff Wolfgang Schellhorn das Wort. »Und wir kennen ihn aus den fünfziger Jahren. Wir haben ihn 1957 gesehen, damals beim Gustav-Adolf-Fest bei euch im Thalkirchener Pfarrhaus.«

Anna drehte das Foto um und sagte: »Da steht etwas drauf. *1944. Th.Fr., der Verräter am deutschen Christsein.* Ja, es ist unleugbar Theodor Frieling.«

Ein einziges Foto lag noch in der Schatulle. Wolfgang Schellhorn nahm es heraus, betrachtete es lange, drehte es um, las leise, was auf der Rückseite des Fotos vermerkt war. Dann reichte er es an Anna weiter.

»Nun macht das Gespräch von damals Sinn, Anna. Das Gespräch, das wir belauscht haben.«

Er schaute zu Gontard hin.

»Sie wissen davon?«

»Ja, meine Frau hat mir alles erzählt«, erwiderte Gontard mit gespielter Gelassenheit.

Anna schmunzelte ein wenig. Mein alter eifersüchtiger Ehemann, dachte sie. Wie lässig er tut.

Auf dem Foto war eine hübsche blonde Frau von etwa 20 Jahren zu sehen, eine ausgesprochene Schönheit. Eine Zwangsarbeiterin? Aus der Ukraine? Aus Polen oder Russland? Die Kulisse: ein Fachwerkhaus, wie man es in der Pfalz findet, aber auch im Badischen oder in Hessen. Die junge Frau saß auf einer Bank vor dem süddeutschen Bauernhaus, und auf dem Schoß hielt sie ein Kind von etwa vier oder fünf Jahren.

Der Junge war ebenfalls sehr hübsch, aber auf andere Art als die Mutter. Er hatte sehr dunkles Haar und für sein Alter ein ausgeprägtes ernstes Gesicht. Als Anna das Foto umdrehte und den Text las, füllten sich ihre Augen mit Tränen. Sie reichte das Foto an ihren Mann weiter, der laut vorlas:

Sommer 1943. Polenschlampe K. mit Bankert.

»K., das könnte für Kazimira stehen, oder?« Anna schaute fragend zu Wolfgang Schellhorn hinüber.

»Ja, das war der Name, der damals fiel. Ein so ungewöhnlicher Name, dass man ihn nicht vergisst«, bestätige er. »Und unser Vater, liebes Schwesterherz, hat wahrscheinlich dafür gesorgt, dass diese junge Frau nach Dachau oder nach Natzweiler-Struthof gebracht wurde. Und nicht nur hingebracht, sondern auch dort umgebracht wurde.«

»Und das Kind ist verschollen, oder?«, fragte Anna. »Ich erinnere mich ungenau daran.«

»Ja, so ist es, verschollen.«

»Wir müssen unbedingt diesen Pfarrer finden, den Theodor Frieling«, schaltete sich Manfred Berberich ein. »Ich werde das umgehend in die Wege leiten.«

»Ob er überhaupt noch lebt?«, gab Anna zu bedenken. »Er müsste 1944 um die 30 gewesen sein, dem Foto nach zu schließen. Dann war er 1957 Anfang 40 und jetzt wäre er etwa Ende 80, oder?«

»Das ist zwar alt, aber immer noch nicht jenseits von allem«, sagte Gontard leicht pikiert.

»Ihr jungen Leute um die 50 und 60«, und er blickte Berberich, Anna und die Geschwister Schellhorn herausfordernd an, »ja, lacht nur, ihr seid im Vergleich zu mir ja auch noch relativ jung, also ihr jungen Leute seid ganz schön arrogant. Altersdiskriminierung nennt man das. Warum sollte ein Mann Ende 80 nicht mehr am Leben sein und dazu noch im Besitz seiner geistigen und sonstigen Kräfte?«

»Ja, die wertvollen Zeitzeugen«, lenkte Manfred Berberich diplomatisch ab. »Die sterben allmählich aus. Hoffentlich finden wir den Herrn Pfarrer Frieling. Ich werde das umgehend veranlassen.«

Beim Hinausgehen blieb Gontard vor einer kleinen Glasvitrine mit Büchern stehen. Er konnte es sich nicht verkneifen, die Titel auf den Buchrücken zu lesen:

Christliche Frömmigkeit für das deutsche Volk
Ländliche Grabreden für Deutschlands Gaue
Erweckung nationalen Christentums

Ach nein, dachte er, und seine Lippen verzogen sich in leichtem Spott, das sind keine Militaria, sondern nur »Dokumente von historischer Bedeutung«. Die sogenannte Entnazifizierung nach 1945: Sie hat nie stattgefunden. In den Köpfen schon gar nicht.

Gontards Blick fiel auf eine wuchtige Gipsfigur, die in der Vitrine als eine Art Bücherstütze stand. Ein breitbeinig dastehender Luther mit fast brutal übertriebenen Gesichtszügen blickte da trutzig und mit vorgestrecktem Kinn gen Himmel, in der Hand die Bibel, als wolle er zum Schlag ausholen. Eine martialische Führerfigur.

Der arme Luther, dachte Gontard, was haben die ihn doch ausgenutzt für ihre Zwecke.

Dietgard Lagné war Gontards Interesse am Inhalt der Vitrine nicht entgangen.

»Dieser ganze schreckliche Plunder«, sagte sie entschlossen. »Beim nächsten Sperrmüll fliegt alles raus.«

Gut, dass sie nicht weiß, dass gewisse Sammlerkreise bereit sind, horrende Summen für den ganzen Kram zu zahlen, dachte Antiquitätenexperte Gontard. Aber ich halte Dietgard Lagné sowieso nicht für geldgierig.

Wolfgang Schellhorn stellte sich neben Gontard, stemmte die Arme in die Hüfte und fragte ihn: »Was meinen Sie, ist es eine Sünde, einen Vater zu hassen, der nie aufgehört hat, einem solchen Ungeist zu frönen?«

»Ich weiß nicht, was Sünde ist«, entgegnete der Angesprochene. »Ich bin kein Theologe. Aber ich weiß, dass es gegen das Gesetz ist, einen solchen Menschen zu ermorden.«

Wolfgang Schellhorn schaute ihn erschrocken an.

Was ist mir da nur herausgerutscht, dachte Gontard, als er das Haus verließ. Ich bin halt nun mal befangen. Ich alter eifersüchtiger Narr. Wie er Anna heimlich ansieht! Alte Liebe rostet nicht, heißt es.

Fredi kam mit matschverschmierten Händchen auf die Großeltern zugelaufen. Er quietschte vor Vergnügen, als Anna rief: »Oh nein, du kleines Ferkel!«

Gontard nahm das Kerlchen hoch.

»Macht nichts. *Dreck, Dreck, Dreck, geht immer wieder weg ...*«

»Das war mein Lieblingslied damals«, lachte Lilli.

»Ja, Fredi ist dir nicht nur äußerlich ähnlich, liebe Lilli«, sagte Anna. »Sommersprossen, blonde Haare mit einem Stich ins Rötliche. Und frech wie Rotz. Und wir haben eigentlich nie geschimpft, wenn du im Matsch gespielt hast.«

»Ich liebe euch noch heute dafür«, lachte Lilli. »Kommt, ich hab Essen gerichtet. Elsässer Flammkuchen mit Salat.«

Kleinlaut gestand sie: »Er kommt allerdings ...«

»Aus der Kühltruhe«, erriet Anna.

»Macht nichts, Hauptsache elsässisch«, sagte Gontard und trug den kleinen Fredi huckepack ins Haus.

16. Kapitel | Das Kind

Ich habe es nicht gleich erkannt, das Kind, aber natürlich die Frau. Ein anderes Foto gab es von ihr daheim in unserem Album von vor dem Krieg. Da war sie noch ganz jung, vielleicht vierzehn oder fünfzehn, auch damals schon ein schönes Mädchen.

Keiner hat gemerkt, dass ich die Kiste mit den Fotos rausgenommen habe. Ich habe das Foto wieder ganz unten reingelegt, unter das Foto mit dem dünnen Pfarrer. Aber ich konnte mich nicht mehr genau erinnern: War die Kiste im oberen oder im unteren Fach gewesen? Ich hab sie ins obere Fach gestellt. Keiner hat etwas gemerkt. Noch nicht einmal sie, die Naive. Sie hat keine Ahnung von meinen Gefühlen. Ich war schon immer eine glänzende Schauspielerin. In der Schule bekam ich die Hauptrollen, wenn wir Theater spielten.

Und er ahnt etwas. Natürlich, er muss etwas ahnen. Vielleicht traut er sich nur nicht …

Und nun kenne ich ein Geheimnis. Ich darf nur nichts überstürzen, sonst zerschlage ich alles, und zurück bleibt ein Scherbenhaufen.

Es ist das spannendste Theaterstück meines Lebens. Lustvoll. Ein Nervenkitzel. Immer schon brauchte ich das. Leidenschaftlich bist du, das hat schon mein erster Geliebter gesagt. Da war ich fünfzehn. Leidenschaftlich lieben und leidenschaftlich hassen, das gehört zusammen.

Ja, ich spiele die Hauptrolle in einem Stück, über dessen Ende ich diesmal selbst entscheiden kann.

Und ich hoffe, die Tragödie endet als Komödie.

Als Lustspiel.

17. Kapitel | Der Verräter

Und er wurde ausfindig gemacht, der Zeitzeuge Theodor Frieling. Er wohnte nicht weit von Niederzell, nämlich im Bienwaldstädtchen Kandel. Dort war er schon seit drei Jahren in einem Seniorenheim untergebracht.

Als die Kriminologen zusammen mit Anna oben im 3. Stock des Seniorenheims ankamen und vor der Wohnung Nummer 308 standen, sahen sie sich ein wenig betreten an. Was würde sie erwarten? Was versprachen sie sich eigentlich von einem Gespräch mit einem sehr alten Mann, der vielleicht in einer ähnlichen Lage war wie der, der ihn als »Verräter« bezeichnet hatte? Aber nein, er wohnte im betreuten Wohnen, das ließ darauf schließen, dass er eher noch in guter Verfassung war.

Ein schlanker Mann mit weißem Haar und sehr lebhaften braunen Augen öffnete die Tür.

»Kommen Sie doch herein, meine Herrschaften«, sagte er mit fester und ganz und gar nicht greisenhafter Stimme. »Ich habe Sie schon erwartet.«

Klänge von klassischer Musik erfüllten angenehm die recht große Wohnung.

Gontard, der Musikfreund, erkannte darin eine Mendelssohnsche Symphonie.

»Mendelssohn ist mein Lieblingskomponist. Und die *Reformation* eine meiner liebsten Symphonien. Ich stelle das aber ab, es stört bei der Unterhaltung.«

Theodor Frieling begab sich zum Kassettenrekorder, und nun bemerkte Gontard, dass er gehbehindert war.

»Meine Arthritis, und die Spätfolgen einer Kinderlähmung, es wird nichts leichter, aber alles ist Gnade im hohen Alter, und im Kopf funktioniert noch alles. Fast alles«, sagte Theodor Frieling.

Ach, dachte Gontard, hier haben wir einen Anhänger Luthers, wirklich. Der Gnadenbegriff. Alles ist Gnade.

Theodor Frieling wies mit einer einladenden Geste auf die Sessel, die um den ovalen Tisch gruppiert waren. Auf dem Tisch hatte er Knabberzeug in kleinen Schälchen, Saft und Wasser bereitgestellt.

»Ich kann auch noch Tee oder Kaffee machen, alles ist ja so praktisch hier eingerichtet in meiner kleinen Küche. Ich bin glücklich, hier zu sein.«

»Nein, keine weiteren Umstände bitte«, sagte Manfred Berberich.

»Auch das ist Gnade, in meinem Alter sagen zu können: Ich bin glücklich. Aber was genau führt Sie zu mir? Ich weiß nur, es geht darum, einige Auskünfte über Vergangenes zu geben. In einem Mordfall an einem Geistlichen.«

Theodor Frieling hatte vom Mord an Gottlieb Schellhorn nichts erfahren, denn er hatte keine Tageszeitung abonniert und sah auch nur selten fern.

»Ich bin ein einsamer Wolf«, sagte er. »Ich war es schon immer. Und ich bin auch hier im Heim mehr oder weniger für mich. Es gibt ja kaum jemanden, mit dem man sich unterhalten kann. Ich habe zwar im Vorbeigehen mitbekommen, wie sich zwei Heimbewohnerinnen über einen grausigen Mord unterhalten haben, aber ich hielt es für ein Ammenmärchen. Die meisten hier sind, das ist leider eine Tatsache, nicht mehr zurechnungsfähig. Ein Mord an einem Geistlichen also, einem ehemaligen Kollegen am Ende noch?«

Als der Kripochef den Namen des Ermordeten nannte, sah Theodor Frieling ungläubig und wie erstarrt vor sich hin. Dann sagte er: »Bei allem, was der Mann an Bösem darstellt: Solch ein grauenvolles Ende verdient niemand.«

Das waren deutliche Worte, und Gontard übernahm die Aufgabe, über den Mord zu berichten und über den Inhalt der Schatulle. Die Fotos, welche die Polizei zu ihm geführt hatten.

»Und nun komme ich ins Spiel«, sagte Anna. »Meinem Mann habe ich von dem Gespräch berichtet, das ich damals 1957 beim Gustav-Adolf-Fest im Pfarrhaus meiner Eltern zufällig belauscht habe. Das Gespräch zwischen Ihnen und meinem Vater, Pfarrer Nüsslein. Über die Rolle Schellhorns im Dritten Reich und in Bezug auf eine Polin mit ihrem Kind, die er ans Messer geliefert hat.«

»Ihr Vater, Kollege Nüsslein, ist mir in lieber Erinnerung«, sagte Theodor Frieling. »Auch an die Unterhaltung von damals erinnere ich mich. Sie waren ein hübscher Teenager, und für Ihre Mutter habe ich ja heimlich geschwärmt. Aber wie heißt es im 9. Gebot: *Du sollst nicht begehren deines Nächsten Weib*. Leben Ihre Eltern noch?«

Anna schilderte kurz die Umstände des Todes ihrer Eltern und sagte dann: »Ich war nicht allein damals in dem Kämmerchen.«

Sie fand es geradezu albern, dass sie in ihrem Alter leicht rot wurde.

»Aha, ein Schäferstündchen«, schmunzelte Theodor Frieling. »Wer war denn der Glückliche?«

»Wolfgang. Der Sohn von Gottlieb Schellhorn.«

Theodor Frieling erschrak.

»Das tut mir im Nachhinein leid, dass er solch schlimme Dinge über seinen Vater hat erfahren müssen. Das heißt, Genaues habe ich nicht von mir gegeben, oder?«

»Nein. Aber es hat genügt, um seine Abneigung gegen seinen Vater zu besiegeln. Er wäre übrigens mitgekommen heute, aber er hat einen sehr wichtigen Termin wegen eines neuen Auftrags. Er ist Restaurator.«

Während Annas Ausführungen sah sich Gontard im Zimmer um. Ja, tatsächlich, dachte er. Da haben wir auch wieder einen Luther-Verehrer.

Aber einen von der anderen Art, wie man an der Auswahl der Lutherbilder sehen konnte, die an der Wand hingen: Ein moderner Plakat-Farbdruck stellte Martin Luther und seine Frau Katharina von Bora dar, die eng umschlungen dastehen. Über ihnen schwebt Papst Johannes Paul II., Karol Wojtyla, auf seinem Kreuzstab wie auf einem Hexenbesen durch die Luft. Er hält in der Hand die Ikone seines Heimatlandes Polen, die schwarze Madonna von Krakau, und schaut dabei sehr missmutig auf das offensichtlich sehr glückliche Ehepaar Martin und Katharina Luther herab. Gontard erkannte in der satirischen und nicht sehr katholikenfreundlichen Darstellung ein Kunstwerk des bekannten Grafikers Mathias Prechtl.

Die beiden berühmten Bildnisse des Ehepaars, gemalt von Lucas Cranach, hingen daneben. Ein unerschrockener Luther und eine selbstbewusste Katharina von Bora, eine ansehnliche Frau mit den typisch hohen Wangenknochen, was ihre Herkunft aus einem slawischen Adelsgeschlecht verriet.

Das ist ein widersprüchlicher Mensch, dieser Theodor Frieling, dachte Gontard, indem er einen zweiten Farbdruck musterte: einen Ausschnitt aus dem Krakauer Marienaltar von Veit Stoß. Anna und er waren vor einigen Jahren vor diesem Altar gestanden. Die innige Frömmigkeit, die in dem kunstvoll geschnitzten Altar zum Ausdruck kam, hatte beide zutiefst berührt. Der in einem geflochtenen Weidenkorb auf Heu gebettete Gottessohn wird von dem Atem eines Ochsen und eines Esels gewärmt. Eine wunderhübsche Madonna blickt bewundernd auf ihren Sohn herab und kreuzt in einer von tiefer Symbolik erfüllten Geste beide Arme vor ihm.

»Das ist für mich Frömmigkeit«, hatte Anna damals geflüstert. »Liebe pur. Mutterliebe. Menschenliebe. Und die Tiere sind Teil dieser Liebe.«

Dabei hatte sie die Hand ihres Mannes ganz fest gedrückt.

»Sie verehren Luther?«, fragte Anna unvermittelt ihren Gastgeber.

»Ja, das kann man so sagen«, antwortete der Angesprochene. »Ich verehre denjenigen Luther, der *Von der Freiheit eines Christenmenschen* verfasst hat und mutig inmitten so vieler Widersacher seine Überzeugung vertreten hat. Der die korrupte Kirche angeprangert hat und die Missstände, das Schachern um das Seelenheil und die Käuflichkeit von Vergebung. Ich verehre auch den Schriftsteller, den wortgewaltigen Übersetzer. Aber das macht mich nicht blind für die andere Seite des Reformators: für seinen Glauben an den leibhaftigen Teufel, dem er auf der Wartburg ein Tintenfass nachwarf, und für seinen verhängnisvollen Hexenwahn. Er war ein Kind seiner Zeit. Seine Rolle in den Bauernkriegen war abscheulich, als er den Fürsten riet, die Bauern totzuschlagen wie die räudigen Hunde. Und dann hat er noch Entsetzliches über die Juden geschrieben: *Von den Jüden und ihren Lügen*. Ja, es heißt ›Jüden‹ und nicht ›Juden‹. Die Nazis haben ihn deshalb für ihre Zwecke instrumentalisieren können. Das hat ihnen gefallen, das kam ihrer verqueren Ideologie entgegen. Und dann sein Frauenbild, wenn er sagt: ›Sie haben einen breiten Podex und weite Hüften, daher sollen sie stille daheim sitzen.‹ Ja, da war er ganz und gar ein Produkt seiner Zeit.«

Er fügte hinzu, musste dabei aber ein wenig lächeln: »Dann hat Luther auch einmal gesagt, Unkraut wachse schneller, daher wachsen Mädchen auch schneller als die Buben.«

Manfred Berberich war unruhig geworden. Er drängte darauf, nun doch zum Mordfall zu kommen.

»Ach«, sagte Theodor Frieling, »all dies hat sehr wohl mit dem Mordfall zu tun, denn das Lutherbild, das Gottlieb Schellhorn verherrlichte, war ein martialisches, seine ganze christliche Welt war kriegerisch gefärbt, und … ich sage das nun ganz offen: Gottlieb Schellhorn war ein Mörder. Er hat ein Menschenleben auf dem Gewissen, vielleicht waren es auch zwei Menschenleben. Er hat dafür gesorgt, dass eine junge Polin ins KZ deportiert und dort umgebracht wurde. Und was mit ihrem Kind geschah, weiß man nicht. Der Junge ist verschollen. Die Frau hieß Kazimira und sie stammte aus einem kleinen Dorf bei Tschenstochau in Polen. Ihr Söhnchen Józef war vier Jahre alt, als Gottlieb Schellhorn sie denunzierte.«

Nun schob Manfred Berberich dem alten Mann, der seine Besucher aus klugen und traurigen Augen ansah, die beiden Fotos hin, die er in einem Ordner sorgfältig verwahrt mit sich trug.

»Diese Fotos haben wir bei Gottlieb Schellhorns Sachen gefunden.«

Theodor Frieling lachte kurz und bitter auf, als er sein Foto sah und die Beschriftung auf der Rückseite.

Die Tränen traten ihm in die Augen, als er das zweite Foto betrachtete. »Ja, das sind sie. Kazimira und Józef. Kazimira war schwanger, als Schellhorn sie verriet. Man sieht es hier noch nicht.«

»Wer war der Vater?«, wollte Berberich wissen.

»Ich war der Vater. Wir haben uns geliebt, Kazimira und ich.«

Die drei Besucher schauten Theodor Frieling so entgeistert an, dass er sich beeilte, fortzufahren.

»Ja. Eine Liaison, die von Anfang an zum Scheitern verurteilt war, unter den damaligen Umständen. Eine polnische Zwangsarbeiterin und ein protestantischer Geistlicher. Eine Fremde, dazu eine Katholikin, und ein evangelischer Pfarrer, der wegen seiner Regimefeindlichkeit bekannt war. Aktenkundig. Ich wurde sehr angefeindet. Meine Haustiere wurden vergiftet. Ach, ich will darüber jetzt nicht sprechen. Es schmerzt immer noch, nach all den Jahren.

Man hatte Kazimira im Sommer 1942 einfach zusammen mit anderen Leuten aus ihrem Ort auf einem Lastwagen abtransportiert und zur Zwangsarbeit abgesetzt. In Niederzell, wo ich damals als Pfarrvikar in Vertretung des Pfarrers eingesetzt war, der an der russischen Front kämpfte. Ich war wegen meiner Behinderung als untauglich eingestuft worden. Kazimiras Sohn war unehelich. Sie war als ganz junges Mädchen von ihrem Dienstherrn vergewaltigt worden. Sie musste viel Gehässigkeit deshalb erdulden. Daheim in Polen und noch mehr in Nazideutschland. Arme Kazimira, armes Kind. Sie war bei einer Familie Zinkgräf zur Arbeit eingesetzt. Da hat man sie gut behandelt. Sie durfte am großen Familientisch mitessen, und man erlaubte ihr sogar, sonntags in der katholischen Kirche an der Messe teilzunehmen. Das waren kleine Lichtblicke und Zeichen von Mitmenschlichkeit, die sie und ihr Kind für kurze Zeit erfahren durften. Ich lernte Kazimira kennen, als ich zur Familie Zinkgräf gerufen wurde, um dem sterbenden Großvater als Geistlicher beizustehen.

Es entwickelte sich ein leidenschaftliches Liebesverhältnis zwischen Kazimira und mir, obwohl wir um die Gefahr wussten: Es war bei Todesstrafe verboten, sich mit ›rassisch Fremden‹ einzulassen.

Gottlieb Schellhorn als mein Dekan und Vorgesetzter, ein flammender *Deutscher Christ*, denunzierte uns beide. Durch das Eingreifen des Landesbischofs, der sich mit dem System arrangiert hatte, entkam ich ganz knapp der Deportation nach Natzweiler-Struthof. Kazimira kam um, was ich erst weit nach dem Krieg erfuhr. Was mit dem kleinen Józef geschah, weiß ich nicht. Seine Spur verliert sich in einem Lager bei Ludwigshafen, wo viele Kinder von Ostarbeitern untergebracht waren. Die Sterberate unter den bedauernswerten Kindern war ungewöhnlich hoch. Einmal hat jemand behauptet, der kleine Józef sei von einem katholischen Geistlichen versteckt und dann nach 1945 unversehrt nach Tschenstochau gebracht worden, wo er später eine Familie gegründet habe. Aber es gab keine Beweise. Ich schäme mich noch heute dafür, dass ich gerettet wurde.«

Theodor Frieling starrte ins Leere.

»Ja, wir waren Protestanten ohne Protest. Unsere katholischen Amtsbrüder waren insgesamt mutiger, vielleicht hat das mit dem Zölibat zu tun. Sie hatten keine Frau, keine Kinder, die sie hätten in Gefahr bringen können. Diese Ausrede kann ich als unverheirateter einsamer Wolf nicht beanspruchen, zumal es auch bewundernswerte Männer gab unter uns. Ich denke da an den mutigen Kollegen Johannes Bähr, der trotz seiner elf Kinder es wagte, die Frau seines jüdischen Organisten nach jüdischem Ritus zu beerdigen. Johannes Bähr zögerte zunächst wegen seiner großen Kinderschar, aber seine Frau bestärkte ihn darin, das fast Unmögliche zu wagen. Eine wunderbare Pfarrfrau war sie«, sagte Theodor Frieling versonnen.

»Ach, was waren wir anderen verzagt. Wir haben unsere verfolgten Lämmer im Stich gelassen und lieber mit den Wölfen geheult. Das Schweigen der Hirten. Ja, die meisten von uns haben als Hirten versagt. Und wir waren eingeschworen auf den Führer. Ich werde nie den Wortlaut des Amtseids vergessen, den wir angehenden Pfarrer damals ablegen mussten: *Ich schwöre, ich werde dem Führer des deutschen Reiches und Volkes, Adolf Hitler, treu und gehorsam sein, die Gesetze beachten und meine Amtspflichten gewissenhaft erfüllen, so wahr mir Gott helfe.*«

»Abscheulich«, sagte Friedrich Gontard, »wenn man bedenkt, welch unmenschliche und gottlose Gesetze das waren, auf die man die Pfarrer schwören ließ.«

Nach einer kleinen Pause fügte er leise hinzu: »Und für die man uns in den Krieg schickte. Uns zu Mördern machte.«

Gontard und Frieling, die beiden Vertreter einer verratenen Generation, sahen sich stumm an.

»Sie haben uns viel erzählen können«, sagte Manfred Berberich. »Das Motiv für Schellhorns Ermordung könnte tatsächlich auf seine Rolle in der braunen Vergangenheit zurückgehen. Aber noch eine Frage: Wie hieß Kazimira mit Familiennamen?«

»Kazimira Hajduk, habe ich das nicht gesagt?«

Die drei Besucher sahen sich verblüfft an. Da Theodor Frieling gerade gedankenverloren zum Fenster hinaussah, über die Felder und die Weinberge, war ihm das Erstaunen der Besucher entgangen.

Besser, wir lassen ihn noch im Unklaren, bedeuteten die Blicke Berberichs und Gontards. Bis wir Gewissheit haben. Hajduk könnte ein häufiger polnischer Familienname sein. Purer Zufall.

»Manchmal liegt der Schlüssel zu einem Verbrechen im Charakter oder in der Lebenssituation des Mordopfers«, sagte Gontard. »So schrecklich das auch klingen mag. Ein Reicher, den man aus Habgier umbringt. Oder kein sehr guter Mensch, der aus Rache für ein Verbrechen getötet wird.«

»Aber eins würde mich noch interessieren: Ich habe niemals herausgefunden, wer Kazimira und mich damals an Gottfried Schellhorn verpetzt hat, bevor der seinerseits uns denunzieren konnte an oberer Stelle.«

»Ja, viele Fragezeichen. Aber trotzdem: Nun haben Sie uns mehr geholfen, als wir gehofft haben.«

Mit diesen mysteriösen Worten verabschiedete sich der Kripochef von Theodor Frieling.

»Auf Wiedersehen, Herr Pfarrer«, verabschiedete sich Anna Gontard und reichte Theodor Frieling die Hand. »Es war schön, Sie nach so vielen Jahren wiederzusehen.«

»Die Freude war ganz auf meiner Seite, liebe Anna«, erwiderte er herzlich.

Einmal Pfarrerstochter, immer Pfarrerstocher, dachte sie beim Hinausgehen. Sie wusste: Es wäre fast einer Beleidigung gleichgekommen, ihm den Titel zu verweigern und ihn einfach »Herr Frieling« zu nennen.

Bevor die Gontards und Berberich sich auf dem Parkplatz des Seniorenheims trennten, beschlossen die beiden Kriminologen, sich am nächsten Morgen bei Familie Schneider zu treffen, um Kazimira Hajduk zu befragen.

Hajduk. Vielleicht Zufall. Vielleicht aber auch nicht.

18. Kapitel | Das Gerüst

Dachdeckermeister Kehrt war wieder mal als Erster auf der Baustelle. So muss es sein, dachte er. Der Meister muss mit gutem Beispiel vorangehen. Und heute war wieder mal so ein Tag wie im Bilderbuch. Spätsommer. Frühherbst. Eher schon Herbst als Sommer. Da konnte man arbeiten, da ging es voran. In den Wingerten waren die Winzer rundum schon eifrig am Vorbereiten. Das Herbsten würde bald beginnen. Spät dieses Jahr, aber eine gute Weinernte war prophezeit.

Er schloss die Tür zur Kapelle auf.

Gut haben wir gearbeitet, schnell auch, dank dem Wettergott. Und wie schön, wenn die Kapelle genutzt würde wie damals, als ich Messdiener war. Als Gotteshaus, als Gebäude für Feste, vielleicht sogar für Besichtigungen.

Er erinnerte sich an den längst verstorbenen Heimatforscher, den katholischen Pfarrer, den Geistlichen Rat Karl Maria Goettgens, der die Nikolauskapelle geliebt hatte und schon vor langer Zeit Vorschläge zur Renovierung der Kapelle gemacht hatte. Das war leider nicht geschehen, und nun regnete es ins Dachgestühl. Und er, Eugen Kehrt, und seine Leute mussten es richten. Das war überhaupt ein feiner Mensch gewesen, der Geistliche Rat Karl Maria Goettgens. Er war im Dritten Reich Anstaltspfarrer gewesen und hatte sich geweigert, zackig mit Heil Hitler zu grüßen. Er blieb bei seinem freundlichen Grüß Gott, und er hatte Glück gehabt damals, dass sie ihn nicht nach Dachau gebracht haben, die braunen Brüder.

Ja, mit den braunen Brüdern hatte er, Eugen Kehrt, auch nie etwas am Hut gehabt. Zum Glück war der Spuk längst vorbei. Er öffnete die mit schönen eisernen Beschlägen versehene Tür am westlichen Haupteingang zur Kapelle. Sie stammte aus dem 15. Jahrhundert, wie er wusste.

Als er den Raum betrat, fiel helles Licht durch das Glas des Rosettenfensters. Er richtete den Blick empor zu den Gewölberippen im Chor. Schemenhaft nahm er die stark verblasste Gestalt des heiligen Michael wahr, der mit dem Kreuzstab einen Drachen ersticht. Das Fresko müsste mal fachmännisch restauriert werden, dachte er. Gerne wäre er selbst Restaurator geworden, aber da war das Dachdeckergeschäft des Vaters, und ein Studium wollten die Eltern damals nicht finanzieren.

Im nächsten Leben, dachte er. Da studiere ich Kunst und Kunstgeschichte. Aber er glaubte an kein nächstes Leben, und so ging er, gegen die Sonne blinzelnd, hinaus ins Freie, zur Ostseite der Kapelle, zum Gerüst. Sein Fuß stieß an etwas, das da am Boden im taufeuchten Gras lag. Er bückte sich, und das, was er sah, ließ ihm das Blut in den Adern erstarren.

Eine Gestalt lag da vor ihm auf dem Rücken, ganz verrenkt. Es war eine Frau. Ihre schwarzen Haare waren von Blut verklebt, einer ihrer hochhackigen roten Schuhe war abgestreift und lag einige Meter weiter weg.

Wie kann man nur mit solchen Stöckelschuhen auf ein Gerüst steigen, ging es durch den Kopf des Handwerkers. Kein Wunder, dass sie abgerutscht ist und sich den Schädel aufgeschlagen hat. Nichts anfassen durfte er, das wusste er aus den Tatort-Filmen im Fernsehen. Dies hier war ein Fall für die Polizei. Ein Unfall? Selbstmord? Ein Verbrechen?

Etwas ratlos stand er eine Weile so da. Seine beiden Gesellen, Gernot Franz und Sven Kerner, kamen um die Ecke der Kapelle.

Hinterherpfeifend der immer muntere Lehrling Holger Wüst. Die Gesellen sahen noch ziemlich verschlafen aus, denn im Nachbarort war eine Kerwe, vielleicht hatten sie ein bisschen zu viel und lange gezecht.

Sie wurden aber schlagartig hellwach, als sie die Tote sahen.

»Die kenn ich«, sagte Sven Kerner. »Die hab ich im Juni in Pleisweiler-Oberhofen beim Nonnensusel-Fest gesehen. Aufgetakelt. Und getanzt hat die wie der Lump am Stecken.«

Er fügte hinzu: »Gut ausgesehen hat die. Ein heißer Ofen. Und jetzt ...«

Dorfpolizist Christmann war bald zur Stelle, und eine Dreiviertelstunde später trafen Kripochef Manfred Berberich und sein Tross aus Ludwigshafen ein. Christmann verständigte in seinem Auftrag Gontard, der unverzüglich zum Tatort fuhr. Der Polizist hatte von einer Toten gesprochen, doch den Namen hatte er nicht genannt.

»Halina Hajduk ist, wie es aussieht, vom Gerüst oben abgestürzt. Sie hat sich das Genick gebrochen. Schädelverletzungen ...«, erklärte der Kripochef, als Gontard eintraf.

»Anna sagte mir gerade, dass Teresa Rosinski bei uns war und sich erkundigt hat, ob wir ihre Freundin gesehen hätten. Man hatte sie vermisst, als sie nicht beim Frühstück erschienen war.«

»Warum sollte sie bei Ihnen zu finden sein?«

»Teresa hat behauptet, Halina wollte mir schon gestern etwas sagen. Sie habe etwas entdeckt und wollte mit Herrn Gontard darüber reden ... so soll sie sich ausgedrückt haben.«

»Zu spät. Aber ein Anhaltspunkt für ein Motiv, oder?«

Berberichs Stimme klang fast froh.

»Sie glauben also auch nicht an einen Unfall?«

»Warum sollte eine junge Frau nachts auf ein Gerüst klettern?«

»Selbstmord?«, mutmaßte Gontard. »Obwohl sie mir nicht der Typ ... nein, wie dumm von mir, wer ist schon der Typ für Selbstmord? Wissen wir denn, was in ihr vorging?«

»Stimmt, aber trotzdem. Sie sieht doch eher aus, als habe sie sich für ein Rendezvous zurechtgemacht.«

»Ob der Gerichtsmediziner noch andere Gewalteinwirkungen findet außer den Verletzungen, die vom Sturz herstammen? Das frage ich mich ernstlich«, meinte Gontard.

In einiger Entfernung hörte man Dachdeckermeister Kehrt, der mit dem Dorfpolizisten, seinen beiden Gesellen und dem Lehrling zusammen versuchte, die ersten Neugierigen im Zaum zu halten. Sie reckten die Hälse zum Gerüst hin, wo die Tote nun mit einer Plane zugedeckt wurde.

19. Kapitel | Der Späher

Frühjahr 1943

Der Junge schleicht ganz vorsichtig dem Liebespaar hinterher.

Es ist alles viel spannender als in den Lederstrumpf- und Karl May-Büchern, die er vom großen Bruder geerbt hat. Viele Bücher gibt es nicht daheim. Die Bibel. Dann irgendetwas von Goethe und von Schiller. Was von Jeremias Gotthelf. Ein komischer Name. Die Märchen der Gebrüder Grimm. Karl May: *Durchs wilde Kurdistan*. Da möchte er gerne mal hin, nach Kurdistan. Er langweilt sich so sehr im Dorf. Es ist nun zwar mehr los als früher, wie alle sagen, aber trotzdem.

Es gibt die Hitlerjugend und er ist ein Hitlerjunge. Ein sehr eifriger sogar. Wenn es darum geht, die Konfirmanden zu vermöbeln, die feigen Gottesanbeter, dann ist er gerne mit dabei und in der ersten Reihe. Am liebsten wäre er bei den Soldaten, aber dafür ist er noch zu jung. Und sein großer Bruder Otto, na ja, der ist auf Heimaturlaub und langweilt sich nun auch. Und Otto will doch diese Polin haben, die bei Zinkgräfs nebenan arbeitet. Er weiß, dass das gefährlich ist, mit einer Polackin was anzufangen, aber er ist ganz wild nach ihr. Der kleine Bruder sieht das an seinen hungrigen Augen, obwohl er ja noch so jung ist und von solchen Dingen noch nicht viel weiß.

Sie will den Otto aber nicht haben, und das nagt an ihm. Der Junge hat mitgekriegt, dass sie was mit dem dünnen Pfarrer hat, und er hat es ihm gesagt, dem großen Bruder.

»Du, Alfons«, hat er gesagt, »du bist doch ein Indianer und ein Späher. Du gehst hinter den beiden her, heimlich. Und du sollst es nicht umsonst machen.«

Das ist viel aufregender als alles andere, dem Liebespaar hinterherzuschleichen. Aufregender, als die Konfirmanden zu verdreschen oder dem dünnen Pfarrer die Viecher zu vergiften und besser noch, als ihm was an die Hauswand zu schreiben.

Dann kommt doch eines Tages der dicke Pfarrer, der Schellhorn, vom Nachbarort, auf den Hof, und der große Bruder sagt zu dem kleinen: »Geh mal zu dem hin und sag ihm, was der dünne Pfarrer so macht mit der Polackin. Der Dicke ist einer von uns, ein echter Deutscher, und der kann den dünnen Pfarrer gar nicht leiden. Der Schellhorn wird nicht gerne haben, dass eine Polackin den dünnen Bolschewiken-Pfarrer einem deutschen Bauernsohn vorzieht.«

Der Schellhorn ist ganz rot geworden vor Eifer, als der Junge ihm alles erzählt hat, dann hat er ihm was gegeben. Geld. Hätte mehr sein können, aber er hat noch gesagt »Vergelt's Gott, hab gerade nicht mehr einstecken.«

Der große Bruder muss nächste Woche wieder in den Krieg. Gerne wäre der kleine Bruder mitgegangen, aber er muss hierbleiben. Unterdessen wartet er, was mit dem dünnen Pfarrer und der Polackin passiert.

Er hört den Volksempfänger, singt das Horst-Wessel-Lied und wartet auf den Endsieg.

20. Kapitel | Familie Schneider

Als Manfred Berberich und Gontard bei Familie Schneider eintrafen, wurden sie von einer völlig aufgelösten Teresa eingelassen. Wie ein Lauffeuer hatte es sich verbreitet, dass an der Nikolauskapelle in Klingenmünster eine tote Frau gefunden worden war und dass es sich um Halina Hajduk handelte, die bei Schneiders Altenpflege machte.

»Ich hätte es ahnen müssen, dass ihr etwas geschieht«, schluchzte Teresa.

»Warum das?«, fragte der Kripochef.

»Sie war so aufgeregt, hat aber nicht gesagt, wo sie hinwill.«

Ulla Schneider bestätigte Teresas Eindruck.

Ernst Schneider, der seine frühmorgendliche Arbeit im Weinberg abgebrochen hatte, wie aus seiner Kleidung zu schließen war und aus der Tatsache, dass er seine Winzerutensilien neben sich ablegte, schloss sich der Aussage der beiden Frauen an. Ein untersetzter Mann mit grauem struppigem Haar, buschigen Augenbrauen und auffallend hellblauen Augen war dieser Ernst Schneider. Er war wortkarg und wirkte griesgrämig. Er hatte nichts bemerkt, außer dass Halina aufgeregt gewirkt hatte.

Ulla Schneider war da schon eher mitteilsam. Schon länger sei ihr aufgefallen, dass Halina was ausbrütete, sie sei launisch gewesen in letzter Zeit und manchmal sogar richtig frech. Sie habe schon mit ihrem Mann darüber beratschlagt, ob man sie nicht einfach heimschicken oder austauschen solle gegen eine andere Betreuerin. Hierbei schaute sie unmissverständlich zu Teresa hinüber.

Dieser waren Ulla Schneiders Worte offenbar peinlich, und sie begann zu schluchzen: »Ich kann es nicht glauben, dass Halina tot ist. Und warum nur?«

Sie barg das Gesicht in ihren Händen.

Irgendetwas an Teresas Verhalten erschien Gontard befremdlich. Er hätte es nicht benennen können, wodurch dieser Eindruck entstand.

»Können wir mit Ihnen allein sprechen, Teresa?«, fragte er.

Manfred Berberich schaute leicht verwundert drein, denn der Alleingang seines pensionierten Kollegen musste einen Grund haben. Was bedrückte Gontard?

Das Ehepaar Schneider zog sich ein wenig zögerlich zurück, und Gontard bemerkte, dass Ulla Schneider leicht verärgert war, vom Verhör Teresas ausgeschlossen zu werden.

Er flüsterte Berberich zu: »Wir sollten nun doch mal rausrücken über unser Wissen über das alte Foto. Vielleicht kann Teresa uns etwas über Halinas Familie sagen.«

Es war nicht nötig, die Frage zu stellen. Teresa hatte die Worte »alte Fotos« mitbekommen.

Und nun sprudelte es nur so aus ihr heraus. »Ich habe es gewusst. Alles hat mit der Kiste zu tun. Wir haben uns die Fotos angesehen, als Halina einmal bei mir war. Wir haben uns meist bei Schneiders getroffen, da durften wir Kaffee trinken zusammen und plaudern. Das war gut gegen unser Heimweh. Aber einmal ist Halina hier gewesen, als der … der Herr Pfarrer … schlief. Ich hatte die Kiste ein paar Tage zuvor entdeckt, als ich beim Putzen, das müssen Sie mir glauben, in den Schubladen nachsah. Es geschah aus Neugier, nicht um etwas zu stehlen.«

Sie war sehr rot geworden.

»Das würden wir nie von Ihnen denken«, beruhigte Gontard die junge Frau. »Fahren Sie bitte fort.«

»Wir haben uns einen Spaß gemacht, die Fotos durchzusehen. All diese lächerlichen Gestalten von früher. Die Nazis. Die Hitlerjugend. Die sahen alle so verrückt aus. So fanatisch. Doch dann hat Halina das Foto mit der jungen Frau und dem Kind gesehen. Sie hat gerufen: Das ist Kazimira, meine Großmutter. Und der Junge da. Das ist mein Vater Józef als Kind. Sie hat geweint. Wir haben zusammen geweint. Wir ahnten, dass all dies mit dem alten Schellhorn zu tun hatte.

Kazimira war im Nazideutschland umgekommen, so viel war in Halinas Familie bekannt, und der kleine Józef war damals mit Hilfe eines katholischen Priesters, der ihn versteckt hielt, nach dem Krieg wohlbehalten nach Polen zurückgebracht worden. Halinas Familie hat nie erfahren, wo genau Kazimira umgekommen war. Sie wussten nur, dass sie mit dem kleinen Józef nach Süddeutschland verschleppt worden war, als Ostarbeiterin arbeiten musste und in einem KZ umkam.

Halina und ich haben uns die Wahrheit zusammengereimt: Warum hat der alte Schellhorn die Fotos aufgehoben und hässliche Worte daruntergeschrieben? Er musste etwas mit Kazimiras traurigem Schicksal zu tun haben. Aber wir hatten noch nichts in der Hand, keine Beweise, und wir beschlossen, noch ein wenig abzuwarten. Uns umzuhören. Aber man kann lange versuchen, sich umzuhören, wenn die Leute schweigen über die Zeit damals. Und nun ist es zu spät. Wir haben zu lange gewartet.«

Teresas hübsches Gesicht war vom vielen Weinen geschwollen.

»Und ich hätte Ihnen ja alles sagen müssen, auch das mit der Kiste. Dass sie einmal nicht mehr da war, und als sie auftauchte, war sie am falschen Platz. In einer anderen Schublade. Und Frau Dietgard schimpfte mich aus und fragte, ob ich die Schatulle verrückt hätte.«

»Wann war die Schatulle denn verschwunden?«, wollte der Kripochef wissen.

»Das war zwei Tage, nachdem Halina und ich die Fotos zusammen angesehen haben. Vor drei Wochen ungefähr, ich weiß es nicht mehr genau.«

»Aber es ist doch möglich, dass Frau Lagné die Schatulle mit den Fotos Ihrem Vater gezeigt hat, darauf bestand er doch ab und zu, wie sie mir sagte. Oder er ist selbst …?«

»Nein, Frau Lagné war verreist in der Zeit und ihr Vater war bettlägerig. Ich war allein mit dem alten kranken Mann.«

Teresa schaute die beiden Männer aus großen traurigen Augen an: »Ich bin froh, wenn ich wieder heimreisen darf nach Polen. Deutschland hat mir kein Glück gebracht.«

»Und David Eichenlaub?«, fragte Gontard. »Sie lieben sich doch?«

»Es gibt für mich keine Zukunft hier«, sagte Teresa leise. »Seine Eltern. Seine Mutter vor allem. Ich kann nicht mit Hass leben. Der Winzerhof. Das geht nur mit den Eltern zusammen. Und David wird sich niemals lösen von … seinem Erbe. Von diesem Hof.«

Unvermittelt fragte Gontard: »Ist eigentlich Wolfgang Schellhorn ab und zu bei seinem Vater gewesen?«

Er wunderte sich über seinen lauernden Tonfall.

»Ja, aber sehr selten.«

»Wenn seine Schwester verreist war?«

»Ja, manchmal, aber er war diesmal ja selbst im Urlaub zu der Zeit.«

Warum bin ich nun enttäuscht, dachte Gontard. Es war eine rhetorische Frage.

Ich alter Narr, dachte er weiter. Ich alter, eifersüchtiger Mann.

»War Halina noch einmal bei Ihnen, als Frau Lagné verreist und Gottfried Schellhorn bettlägerig war?«, hakte der Kripochef sich ein.

Die Antwort kam zögernd und schuldbewusst. »Ja, ein oder zweimal, ich muss es zugeben. Wir haben die Zeit ausgenutzt, wo wir ungestört reden konnten. Wir waren doch Freundinnen. Und beide so fremd hier.«

»Ja, Teresa, wir hoffen, dass Sie bald zurück in Ihre Heimat fahren dürfen. Das wird aber erst sein, wenn …«

»Und wenn Sie die Mordfälle niemals lösen?«

Teresa ballte vor Verzweiflung die Fäuste.

»An diese Möglichkeit wollen wir gar nicht denken«, sagte der Kripochef.

Das klingt, als wolle ich mir selbst Mut zusprechen, dachte Gontard.

Die beiden Männer waren schon im Flur, als Teresa ihnen mit flinken Schritten nachgelaufen kam.

»Ich habe vergessen, Ihnen etwas Wichtiges zu sagen: Ich musste Halina hoch und heilig versprechen, dass ich niemand, auch David, etwas erzähle von dem Foto mit Kazimira und Józef. Ich habe es geschworen auf das Bild der Mutter Gottes, das ich heimlich ganz unten in meinem Koffer verstaut habe. Auf das Bild der Schwarzem Madonna von Tschenstochau.«

Die Kriminologen saßen im Auto von Manfred Berberich.

»Und nun ist es wirklich allerhöchste Zeit, der Familie Eichenlaub einen Besuch abzustatten, stimmt's?«, fragte der Kripochef.

»Das hätten wir schon längst tun müssen, ja. Vielleicht hätten wir ja …«

Gontard sprach den Satz nicht zu Ende. Mit nachdenklicher Miene sagte er: »Nein, man kann nicht alles verhindern im Leben. Und wir sollten uns keine Vorwürfe machen.«

Gontard erkannte sich selbst nicht wieder, als er Manfred Berberich plötzlich fragte: »Wie geht es eigentlich dem 1. FSV 05 Mainz?«

Gontards gut gemeintes Ablenkungsmanöver und sein Versuch, Manfred Berberich mit der Frage nach dessen Lieblings-Fußballclub etwas abzulenken, ging völlig daneben.

Berberich antwortete betrübt: »Mein Club bekleckert sich zurzeit wirklich nicht mit Ruhm. Im Mai haben sie den Aufstieg verpasst. Alle waren sich sicher, dass die Mainzer im Spiel bei Union Berlin ein Unentschieden schaffen, das hätte gereicht. Stattdessen unterlagen sie aber mit 1:3 und wurden damit nur Vierter und mussten weiter in der zweiten Liga bleiben.«

Bevor Gontard antworten konnte, waren sie schon am Eichenlaubschen Gehöft angekommen, und nun gab es Wichtigeres für den Kripochef als den Abstieg seines geliebten Mainzer Fußballvereins.

21. Kapitel | Ein Winzerhof

Das Ehepaar Eichenlaub sah genauso aus, wie Gontard es sich vorgestellt hatte, als er nicht einschlafen konnte und Schäfchen gezählt hatte. Horst Eichenlaub sah so schmächtig aus im Gegensatz zu seiner korpulenten und wahrlich gewichtigen Frau, dass man meinte, die Karikatur eines Ehepaars vor sich zu haben.

Er läuft ernstlich Gefahr, in gewissen Situationen von ihr erdrückt zu werden, dachte Gontard, etwas boshaft in sich hineinlächelnd.

Horst Eichenlaubs schütteres ergrautes Haar, sein fliehendes Kinn und seine dünnen Beine kontrastierten mit der vollbusigen Walküren-Gestalt seiner besseren Hälfte, die, beide Arme in die ausladenden Hüften gestemmt, die beiden Männer, die da unangemeldet ihren Hof betraten, mit blitzenden schwarzen Augen von oben bis unten musterte.

Das sind Vogelaugen, ging es durch Gontards Kopf. Elsteraugen.

»Wir kommen wegen des Mordfalls an der toten polnischen Frau«, sagte Manfred Berberich und zeigte seinen Ausweis vor.

»Sie ist tot?«

Anita Eichenlaubs Stimme verriet Genugtuung, und in den Elsteraugen blitzte so etwas wie Freude auf.

»Hast du gehört, David?«, rief sie laut über den Hof hin.

Ihre Stimme hatte ein leicht männliches Timbre.

»Aus der Traum von der Hochzeit. Sie ist tot, deine Geliebte.«

Ein aufgeregter junger Mann kam herbeigerannt. Berberich berichtigte den Fehler, noch bevor David Eichenlaub bei der Gruppe angekommen war.

»Nein. Die Tote ist nicht Teresa Rosinski, sondern Halina Hajduk. Sie ist ermordet worden.«

»Die andere also? Ermordet?«, rief Anita Eichenlaub aus. »Na ja, um die ist es erst recht nicht schade. Die war so aufgetakelt und hat sich an meinen Sohn rangeschmissen. Hat ihm schöne Augen gemacht. Aber die ist nicht angekommen gegen die andere. Stimmt's, David?«

Und als David Eichenlaub keine Antwort gab, sagte sie zu den beiden Männern: »Es ist ihm peinlich, das zuzugeben. Aber die Schwarze, die hat es wirklich auf ihn abgesehen. Das hätte ihr gefallen, sich hier ins gemachte Nest zu setzen und die Herrin zu spielen.«

Da alle betreten schwiegen, lenkte sie kleinlaut ein: »Na, jetzt ist sie ja tot. Nichts Schlechtes über die Toten. Wer war es, einer ihrer Liebhaber?«

»Das ist eine Verleumdung«, versuchte sich Horst Eichenlaub in einem zaghaften Einwand. »So schlecht war sie doch gar nicht, die Halina.«

»Woher willst du das wissen?«, fragte Anita Eichenlaub, und in ihrer Stimme lag etwas wie eine Drohung.«

»Nichts, ich meine ja nur …«

Horst Eichenlaub verstummte.

»Was können Sie dazu sagen, Herr Eichenlaub?«, wandte sich der Kripochef an den jungen Mann. »Ist es wahr, dass die Tote Ihnen … sagen wir … Avancen machte?«

»Nein, natürlich nicht.«

Er war ein miserabler Lügner, der junge Eichenlaub.

Sein Nein kam so zögerlich, und seine zittrigen Hände, sein fragender Blick, den er seiner Mutter zuwarf, verrieten seine Unsicherheit.

»Danke«, sagte Manfred Berberich. »Sie haben uns zwar nicht helfen können, aber trotzdem. Danke für Ihre Aussage.«

»Wir müssen dran bleiben«, sagte Berberich zu Gontard.

»Ja, ich glaube auch.«

Und höchst mysteriös fügte er hinzu: »Da haben wir viel Leidenschaftliches zu erforschen. Und es fehlt noch ein Puzzleteil. Oder ein Deus ex machina, der uns die richtige Spur weist.«

»Ach, ob es den Gott aus der Maschine im wirklichen Leben gibt?«, fragte Manfred Berberich. »Ich denke, den gibt es nur auf der Bühne. Abrakadabra ... Ich verlasse mich da vielmehr auf die Befunde der Pathologie, die noch ausstehen. DNA. Und dann macht bestimmt auch das Leidenschaftliche Sinn, von dem Sie gesprochen haben.«

Die beiden Männer zogen das kleine eckige Hoftor hinter sich zu, das in das riesige runde Hoftor des Winzeranwesens eingelassen war. Sie verpassten um wenige Sekunden den Mann Anfang 70, der aus der Scheune kam und sich nachdenklich am Kopf kratzte.

»Ach, da hast du gesteckt, Onkel Alfons«, sagte David Eichenlaub.

Anita Eichenlaub kam mit wogendem Busen herbei und berichtete, die schwarzen Augen voller Sensationslust: »Stell dir vor. Die Kripo war gerade hier. Die Polin ist ermordet worden. Die Schwarze, nicht die Blonde.«

»Ich hab's mitgekriegt«, brummelte Alfons Eichenlaub und schlurfte in Richtung Haus, indem er sich noch mal am Kopf kratzte.

Zu ihrem Sohn sagte Anita Eichenlaub barsch: »Das hast du nun davon, dass du dich mit einer Polin eingelassen hast. Da kommt einem die Polizei ins Haus.«

David Eichenlaub ging schweigend hinter seinem Onkel her, und die schwere Tür fiel hinter den beiden Männern krachend ins Schloss.

22. Kapitel | Noch ein Besuch

Da war er wieder mal schnell weg, dachte Anna Gontard. Wie zu alten Zeiten. Ihr Mann war im Jagdfieber und diesmal schien es wirklich eine heiße Spur zu geben. Fredi war in der Kita, Lilli in der Schule. Und sie hatte wieder einmal etwas Zeit zum Verschnaufen.

Sie machte sich ans Gießen der Pflanzen auf Lillis Terrasse. Die Olivenbäumchen, die Oleander und der Feigenbaum brauchten dringend Wasser. Belami war nirgends zu sehen, noch weniger zu hören.

Diese Stille, dachte Anna.

Da näherten sich Schritte, und jemand hielt ihr die Augen zu. Ich bin doch kein Kind, das Blindekuh spielt, ging es durch ihren Kopf. Gleichzeitig klopfte ihr Herz vor Angst.

»Ich bin es doch nur«, vernahm sie eine dunkle Männerstimme hinter sich. »Wer wird so erschrecken vor einem Jugendfreund?«

Sie drehte sich um. Wolfgang Schellhorn setzte seine spöttische Miene auf. Warum kam er ihr heute albern vor? Warum war sie peinlich berührt über den ungebetenen Gast?

»Wir sind doch keine Teenager mehr«, sagte Anna leicht abweisend.

»Ja, aber die Seele altert nicht«, sagte er. »Und ich habe immer noch ein Faible für dich, liebe Anna. Mehr als ein Faible. Schade, dass aus uns beiden nichts geworden ist. Ich habe ab und zu an unser missglücktes Schäferstündchen denken müssen damals in eurem romantischen Pfarrhaus. Dein Petticoat. Das erotische Knistern. Aber dann …«

Er hielt inne und erklärte, warum er hier war.

»Ich wollte ganz einfach ein wenig mit dir reden, mehr nicht. Ich sah dich von der Kita heimkommen, wie neulich, und ich dachte, du würdest dich über meinen Besuch freuen.«

Belami kam freudig wedelnd auf Wolfgang Schellhorn zu. Er hatte es gar nicht für nötig gefunden, ihn bellend anzukündigen.

Der Besucher beugte sich in seiner ganzen jugendlich wirkenden schlaksigen Länge zu Belami hinunter und kraulte ihm das Fell.

»Bist ein guter Hund«, sagte er dabei, »auch wenn du mir das Auto verkratzt hast mit deinen langen Krallen.«

»Oh ja, Belami muss die Krallen gekürzt kriegen, stimmt.«

Das Gespräch nahm statt nostalgischer Töne nun praktischere an. Das war gut so. Anna war Belami dankbar, dass er die peinliche Situation gerettet hatte.

»Ach, das mit den Krallen erinnert mich ja direkt an diese eine Folge von *Inspektor Columbo*, wo Columbos Hund einem Mörder die Autotür verkratzt und damit zur Aufklärung des Mordfalls beiträgt«, sagte sie, dann wurde ihr aber bewusst, wie wenig schmeichelhaft die Bemerkung war. Welcher Vergleich. Ihr romantischer Jugendfreund war ja immerhin kein Mörder.

Doch Wolfgang Schellhorn hatte Humor und lachte nur.

Das Hoftor wurde geöffnet. Kurze Zeit später kam Gontard vom Plattenweg her zur Terrasse.

Er sieht müde aus, dachte Anna. Es scheint nicht so voranzugehen mit dem Mordfall.

Als Gontard den Besucher erblickte, nahm seine Miene einen Ausdruck unverhohlenen Missmuts an. Es schmeichelt mir ja ein wenig, dachte Anna, dass er meinen Freund aus Jugendtagen nicht mag. Die Seele altert nicht, es stimmt.

»Das ist Ihr Auto?«, fragte Gontard ohne Umschweife. »Haben

Sie schon gesehen, dass da tiefe Kratzspuren an Ihrer Autotür sind?«

»Oh, Inspektor Columbo in Aktion?«, war die spöttisch hervorgebrachte Antwort. »Der Übeltäter ist aber in diesem Fall der Hund. Ihr Hund nämlich.«

»Oh, Sie sind auch ein Peter Falk-Fan?«, konterte Gontard. »Schade, dass mein Hund der Übeltäter war. Ich hätte gerne Sie dingfest gemacht. Doch wie heißt es immer bei Inspektor Columbo: Ich habe keine Beweise. Noch keine Beweise.«

»Nun ja«, meinte Wolfgang Schellhorn nun ganz ernst, »wenn Hass auf den Vater Beweis genug wäre, dann könnten Sie mich auf der Stelle abführen.«

»Aber wir haben nun noch einen zweiten Mordfall«, sagte Gontard. »Halina Hajduk ist an der Nikolauskapelle tot aufgefunden worden. Ein Unglücksfall. Vielleicht auch mehr.«

»Die arme junge Frau«, entfuhr es Anna. »Das wird schlimm sein für Teresa. Sie war ihre Freundin.«

»Man sollte jung sterben. Das erhöht die Tragik und hinterlässt mehr Schmerz, als wenn ein Alter geht. Zumal einer, der ungeliebt war.«

Wie typisch von Wolfgang Schellhorn, eine solche Bemerkung.

Bei allem Zynismus, dahinter steckt ein Körnchen Wahrheit, dachte Gontard. Das sind Gedanken, die man für sich behalten, aber niemals aussprechen sollte.

»Haben Sie ein Glück, dass ich nicht zu den Spießern gehöre, die Wert auf ihr Auto legen«, sagte der Besucher zu den Gontards. »Sonst hätte ich mir den verkratzten Lack vergüten lassen.«

Und schon war er um die Ecke verschwunden.

»Ach«, sagte Gontard und setzte sich auf die Eckbank.

»Ich bin ziemlich müde. Trinken wir noch einen Kaffee, bevor wir den Kleinen abholen von der Kita? Der Fall schafft mich, obwohl ich doch nur als Hilfssheriff fungiere. Die Fälle, muss ich sagen. Sie haben miteinander zu tun, das ist klar.«

»Berberich und du, ihr bräuchtet einen Deus ex machina«, sagte Anna und schaute ihren Mann besorgt an.

»Seltsam, genau darüber haben wir eben auch gesprochen. Berberich denkt, das gibt es nur im Theater, einen solchen Zaubergott, der von oben von der Bühne herabschwebt, und alles löst sich in Wohlgefallen auf.«

»Hast du eine Ahnung, wer Halina gehasst haben könnte?«, fragte Anna.

»Ich wüsste da schon wen, ja«, erwiderte Gontard, und er erzählte ihr von den Besuchen bei den beiden Familien Schneider und Eichenlaub, während sie ihren Kaffee tranken.

23. Kapitel | Emma Beckmann

Der Deus ex machina entpuppte sich als Dea ex machina, als Göttin aus der Maschine.

Fredi war ins Bett gebracht worden. Heute war er ungewöhnlich schnell eingeschlafen. Vielleicht hing es auch damit zusammen, dass es nun schon früh dunkel wurde. Schon nach der zweiten Seite des geliebten neuen Eulen-Bilderbuchs war er in tiefen Schlummer gefallen. Anna und Lilli drehten noch eine längere Gassi-Runde mit Belami, und Gontard, etwas müde von der Enkel-Bespaßung, saß in seinem Lieblingssessel, einem der wenigen antiken Einzelstücke im Wohnzimmer der Familie Tavernier.

Die jungen Leute, dachte Gontard bedauernd, die interessieren sich kaum noch für schöne alte Möbel. Das ist wirklich ein trauriger Trend für einen Antiquitätenliebhaber. Das ist der Zeitgeist. Nichts bleibt, wie es ist.

Gontard wurde jäh aus seinen wehmütigen Gedanken gerissen, als es draußen läutete.

Etwas unwillig erhob er sich aus seinem gemütlichen alten Sessel, der übrigens ein Gontardsches Geschenk an Lilli und Fabrice war.

Eine Frau von Anfang bis Mitte 70 stand vor der Haustür und entschuldigte sich, dass sie so spät störte. Sie wollte wissen, ob sie es mit dem pensionierten Kripochef, Herrn Gontard, zu tun habe.

Als Gontard bejahte, erklärte sie sich: »Ich bin Emma Beckmann und ich weiß, dass der Vater von Frau Tavernier bei der Kripo gearbeitet hat. Ich möchte eine Aussage machen. Ich war ein paar Tage weg und habe jetzt erst gehört, was hier passiert ist während meiner Abwesenheit.«

Erstaunt ließ Gontard die späte Besucherin ein.

»Das bereden wir aber drinnen. Kommen Sie bitte herein, Frau Beckmann.«

Frau Beckmann schlug Gontards Angebot, etwas zu trinken, aus, denn sie habe eben erst zu Abend gegessen.

»Am Tag des Mordes an Gottlieb Schellhorn – wovon ich aber noch nichts wusste zu dem Zeitpunkt – bin ich spät abends von meiner Tochter angerufen worden. Sie wohnt in Bad Ems und sie bat mich inständig, ob ich mich nicht umgehend ins Auto setzen und zu ihr fahren könnte. Sie brauchte mich dringend, denn sie war an einer Sommergrippe erkrankt, und da sie ihre Schwiegermutter im Haus pflegt und niemanden hat, der kurzfristig einspringen könnte, war sie in einer wirklichen Notlage. Ich habe mich sofort ins Auto gesetzt und war um Mitternacht dort. Bei uns geht es sowieso momentan drunter und drüber. In der Familie und im Bekanntenkreis nichts als Unfälle und Krankheiten und Krisen. Schlimm.«

Gontard hatte während der Ausführung seiner späten Besucherin Gelegenheit, sich von ihr ein Bild zu machen. Sie war eine resolute, vollbusige Frau, und ihre graublauen Augen blitzten geradezu vor Gescheitheit. Dieser Frau konnte man so leicht nichts vormachen.

»Ich war früher Pfarramtssekretärin«, erklärte sie, »und einer meiner Dienstherren war der Ermordete, Gottlieb Schellhorn. Das war in den frühen fünfziger Jahren, kurz bevor er sich in der Nordpfalz als Religionslehrer niederließ. Ich war damals noch sehr jung, so Anfang 20.«

Gontards Neugier wuchs, doch er unterbrach die Besucherin nicht.

»Er war ein unsympathischer Mensch, gelinde ausgedrückt. Und als ich heute bei meiner Rückkehr aus Bad Ems von meiner Nachbarin erfahren habe, dass er tot ist, hat mich ein ganz und gar unchristliches Gefühl übermannt. Freude. Genugtuung.«

»Wodurch hat er Ihnen Anlass gegeben zu einem solchen Gefühl, Frau Beckmann?«

»Na, da muss ich etwas ausholen. Ich war, wie gesagt, eine junge Sekretärin in seinen Diensten, und ich habe ihn dabei erwischt, wie er … na, wie soll ich es ausdrücken: wie er Geld unterschlagen hat. Es ging um eine gemeinnützige Stiftung karitativer Art. Ich hatte schon länger den Verdacht, dass er die Zahlen fälschte, konnte ihm aber nichts nachweisen. Ich habe ihn in flagranti erwischt, wie er Geld aus dem Safe nahm und in seiner Aktentasche verschwinden ließ. Er wollte sich herausreden, aber ich konfrontierte ihn mit einigen Fakten, die ich gesammelt hatte. Und stellen Sie sich vor, wie er reagierte, als ich ihn bei der Unterschlagung erwischt habe.«

Sie wartete Gontards Antwort nicht ab und fuhr fort: »Er hat mich, wie man heute sagen würde, angemacht. Er hat mich sexuell belästigt, er dachte wohl, ich hätte das nötig. Er hat mich dann, als ich seine Avancen abgewehrt habe, noch beleidigt. Ich könne doch froh sein, dass sich überhaupt ein Mann für mich interessiere. Ich würde bestimmt als alte Jungfer enden, prüde wie ich war und mit meinem Aussehen. Zugegeben, ich war noch nie eine Schönheit«, sagte Emma Beckmann selbstkritisch, »aber das war alles so demütigend. Und dann hat er mir gedroht, keiner würde mir glauben. Was ist schon das Wort einer kleinen dummen Sekretärin gegen das Ansehen eines Geistlichen? Das hat er gesagt. Und das Schlimmste: Er hatte Recht. Meine Ehre wäre besudelt gewesen für immer. Und ich schwieg. Bis heute.«

Emma Beckmann hielt inne, dann fügte sie leise hinzu: »Und eigentlich sollte ich aus Stolz weiter schweigen. Warum sollte ich helfen, den Mord an diesem widerlichen Gottesmann aufzuklären? Als er vor einigen Jahren wieder in die Südpfalz zurückkam, dazu noch in unser Dorf, dachte ich daran, wegzuziehen. Aber er war mittlerweile ein seniler alter Trottel geworden. Sie müssen meine harten Worte verzeihen, dazu noch über einen Toten. Aber es sitzt tief, was er mir damals angetan hat. Da hat er mir fast leidgetan. Und er ist mir einmal auf der Straße begegnet mit seiner Pflegerin, aber er hat mich nicht erkannt.«

»Und Sie möchten nun nichts mehr sagen zu dem Fall, Frau Beckmann?«

»Doch. Das Wichtigste kommt ja noch. Natürlich helfe ich Ihnen bei den Ermittlungen. Denn ich glaube, ich habe eine verdächtige Person gesehen am frühen Abend des besagten Tages. Eine Person kam aus dem Wald gerannt, das war oberhalb vom Parkplatz am Pfalzklinikum. Ich habe da meine Großnichte Lena besucht, sie hat Magersucht. Sie wird wegen ihrer Essstörungen dort stationär behandelt, das arme Mädchen.«

Gontards Neugier wuchs ins Unerträgliche: »Wen haben Sie gesehen? Einen Mann? Eine Frau?«

»Es war ein junger Mann. Und ich kenne ihn.«

Sie beeilte sich zu sagen: »Aber das alles kann ein Zufall sein. Und ich will niemand verdächtigen. Zumal der junge Mann ja so nett ist und so beliebt. Ein bisschen ein Hitzeblitz, wie man so sagt, ein bisschen impulsiv, aber trotzdem sympathisch. Es kann ja sein, dass er ein wichtiger Zeuge ist. Ich will ihn nicht zum Mörder machen, den David Eichenlaub. Auf keinen Fall.«

Emma Beckmann berichtete nun dem innerlich um seine Fassung ringenden Gontard, wie sie beim Aufschließen ihres Autos den jungen Mann gesehen hatte, der in großer Eile den gewundenen Pfad, der von der Burg nach unten führt, herablief.

»Aber ich habe mir eigentlich nicht groß was dabei gedacht, der junge Eichenlaub war immer fleißig am Arbeiten in seinen Weinbergen und auf dem Hof. Und dann kam ja der Anruf von meiner Tochter aus Bad Ems, und ich habe vor lauter Arbeit dort nichts mitgekriegt. Keine Nachrichten, nichts. Heute Abend, als ich zurückkam und die Nachbarin mir alles erzählt hat, hab ich zwei und zwei zusammengezählt.«

Ihre Augen blitzten.

»Die Nachbarin hat mir auch gesagt, dass Sie mit dem ermittelnden Kripochef aus Ludwigshafen zusammenarbeiten. Da wusste ich, ich muss zu Ihnen kommen und meine Aussage machen.«

»Das ist so unverhofft, liebe Frau Beckmann«, sagte Gontard. »Ich kann es noch nicht glauben. So ein Glücksfall.«

Dann kam ihm ein Gedanke: »Frau Beckmann, Sie können unmöglich heute Nacht zuhause in Ihrem Haus schlafen. Meine Tochter hat noch ein Gästezimmer außer dem, in dem meine Frau und ich schlafen. Sie bleiben hier bei uns.«

»Ich bin doch nicht aus Zuckerwatte«, sagte Emma Beckmann unerschrocken, doch schließlich ließ sie sich überzeugen, dass sie in einer nicht ganz ungefährlichen Situation war.

Als Lilli und Anna vom Gassigehen zurückkamen, wurden sie davon in Kenntnis gesetzt, dass hier eine wichtige Zeugin im Mordfall Gottlieb Schellhorn Asyl bekommen müsse.

Emma Beckmann war sehr erschöpft von den anstrengenden Tagen der Pflege und Arbeit bei ihrer Tochter in Bad Ems, und so bat sie, doch gleich zu Bett gehen zu dürfen.

»Den Deus ex machina gibt es also auch im richtigen Leben, oder?«, sagte Anna vor dem Schlafengehen zu ihrem Mann.

»Ja, in diesem Fall die Göttin. Berberich wird Augen machen.«

Mitten in der Nacht stand Gontard auf. Er fand keine Ruhe.

Er ging im Garten auf und ab. Es war eine sternenklare Nacht und es roch schon nach Herbst, nach faulenden Blättern und gegorenem Obst und nach reifen Trauben. Nebelschwaden stiegen vom Wiesengrund hoch und umfingen den schlaflosen Mann wie Gespensterhände.

Hatte David Eichenlaub den alten Schellhorn gehasst und warum? Und wie war der Fall mit dem Mord an Halina Hajduk verknüpft? Denn an einen Unfall glaubte Gontard immer weniger.

Die nasskalte Luft bewog Gontard schließlich, ins Haus zurückzugehen. Da an Schlaf nicht zu denken war, nahm er im gemütlichen Ohrenbackensessel Platz.

Da lag auf der Konsole das Buch, das er zu lesen angefangen hatte.

Luther. Sein Leben und seine Zeit. Die hervorragend geschriebene Lutherbiografie von Richard Friedenthal.

Er war fast durch. Ja, er versuchte diesen widersprüchlichen Menschen Martin Luther zu verstehen, mit all seinen Ecken und Kanten und Verirrungen. Vertieft in das brillante Werk Friedenthals, las er es aus und legte sich dann schlafen.

24. Kapitel | Der Bub

Nun überstürzten sich die Ereignisse.
Manfred Berberich war über die Zeugin Emma Beckmann in Kenntnis gesetzt worden. Sein Erstaunen hätte größer nicht sein können. Ein zweiter Besuch im Winzerhof Eichenlaub war unumgänglich. Emma Beckmann sollte noch im Hintergrund bleiben und erst danach mit David Eichenlaub direkt konfrontiert werden.
Anita Eichenlaub stand in gewohnter Manier mit in die Hüften gestemmten Armen im Hof. Ihr Mann machte sich mit dem Sohn an den Fässern zu schaffen, um sie für die Weinernte zu richten.
»Was wollen Sie von meinem Bub?«, fragte Anita Eichenlaub mit bedrohlicher Stimme, als die beiden Kriminologen auf ihren Sohn zugingen und um ein Gespräch baten. Im Hintergrund stand in gebückter Haltung der Onkel, Alfons Eichenlaub, und schlug einen Metallreifen um ein Fass. Aus den Augenwinkeln betrachtete er die Szene. Als der junge Mann mit dem Kripochef und Gontard ins Haus ging, verschwand er im Schuppen. Kurz darauf waren wieder metallene Hammerschläge zu hören, unregelmäßig und heftig.
In der dunklen Stube drinnen saßen Berberich und Gontard dem jungen Mann gegenüber, der sie trotzig ansah und herausfordernd fragte: »Was gibt es mit mir noch zu bereden?«
»Schildern Sie uns bitte noch einmal die Ereignisse an dem Tag, als Gottlieb Schellhorn ermordet wurde. Was haben Sie da so alles gemacht?«

»Ich habe Ihnen schon alles gesagt. Es gibt nichts hinzuzufügen.«
David Eichenlaub kreuzte die Arme über der Brust und schwieg.

»Gut, wenn Sie nicht kooperativ sind, dann sollten Sie aber wissen, dass wir seit gestern eine Zeugin haben, die Sie gesehen hat, wie Sie aus dem Wald gerannt kamen. Und dies kurz nach der von uns ermittelten Tatzeit. Die Zeugin hatte den Eindruck, dass Sie in panischer Eile waren.«

»Eine Zeugin? Wer soll das gewesen sein? Das ist doch eine Falle! Sie wollen mir was anhängen, weil Sie nicht vorankommen.«

Eichenlaub verschränkte die Arme noch fester vor der Brust. Seine graublauen Augen wandten sich von den beiden Männern ab und blieben auf ein Bild an der Wand fixiert. Es stellte einen Bauern dar, der bei Sonnenaufgang hinter einem mit zwei Pferden bespannten Pflug hergeht. David Eichenlaub schien entschlossen zu sein, jede weitere Aussage zu verweigern.

Berberich schlug nun einen energischen Ton an: »Gut, wenn Sie dazu nichts sagen wollen, Herr Eichenlaub, dann vielleicht zu dem anderen Mordfall. Denn ein Mordfall ist es, kein Unfall. Die Gerichtsmedizin hat es ergeben.«

Oh, dachte Gontard, eine neue Taktik. Er hat von mir gelernt, der Herr Kripochef. Nicht selten habe ich diesen Trick angewendet. Die *white lie*, die weiße Lüge. Die Notlüge. Denn der Zweck heiligt manchmal die Mittel. Aber wer weiß, vielleicht hat Berberich ja tatsächlich mittlerweile von der Pathologie Gewissheit erhalten und vergessen, es mir zu sagen.

David Eichenlaub zuckte mit den Schultern.

»Was soll ich über diese Frau wissen? Nicht mein Fall, wenn Sie mich fragen. Ich hab auch nie verstanden, wieso Teresa so eine zur Freundin haben konnte.«

»Was meinen Sie mit ›so eine‹?«

»Na ja. Mannstoll. Aufgetakelt. Ordinär. Das Gegenteil von dem, was Teresa ist.«

Er biss sich auf die Lippen und wurde sichtlich verlegen.

Bereute er, zu viel gesagt zu haben? Er stand brüsk auf, und mit einer weiten Geste gab er den Männern zu verstehen, dass er nun eigentlich das Gespräch für beendet ansah.

»Wir haben viel Arbeit. Das Herbsten fängt bald an. Ich muss den Eltern und dem Onkel helfen. Die werden auch nicht jünger, die drei.«

»Sie hören noch von uns, Herr Eichenlaub«, verabschiedete sich der Kripochef beim Hinausgehen. »Es wird eine Gegenüberstellung geben mit der Zeugin. Sie hat Angst um ihr Leben. Sie verstehen?«

Die Reaktion von David Eichenlaub war eine unerwartete. Er starrte die beiden Kriminologen entgeistert an, wurde leichenblass, und um seine Mundwinkel zuckte es leicht.

»Sie hängen mir keinen Mord an, und einen an einer alten Schachtel schon gar nicht.«

Er erschrak über seine Worte, und um jeglichem Verdacht zuvorzukommen, beeilte er sich, zu sagen: »Das sind doch immer neugierige und verbitterte alte Schachteln, die ehrbaren Leuten was anhängen wollen, oder?«

Er öffnete die Tür und ließ mit gespielter Höflichkeit den beiden Besuchern den Vortritt.

Vom Schuppen her hörte man immer noch metallene Hammerschläge, als schlüge jemand mit großer Wucht auf einen Amboss.

»Gehen wir bei uns einen Kaffee trinken?«, schlug Gontard vor. »Bei Lilli, meine ich. Wir haben uns da schon richtig eingenistet. Es wird höchste Zeit, dass es vorangeht. Dass die Fälle gelöst werden.«

Gontards Wunsch sollte sich bald erfüllen.

25. Kapitel | Gefahr

Kaum waren Gontard und Berberich eingetreten, als das Telefon ertönte. Gontard nahm den Hörer ab.

Es war Emma Beckmann, die darauf bestanden hatte, wieder in ihr Haus gehen zu dürfen, denn sie hatte keine Angst und es war helllichter Tag und da würde niemand sie ermorden wollen. Gontard hatte letztendlich zugestimmt.

»Aus unserem Kaffeetrinken wird nichts«, sagte Gontard, als er aufgelegt hatte. »Aber die Alternative hört sich nicht schlecht an, denn Frau Beckmann hat uns noch etwas Wichtiges zu sagen.«

Sie fuhren eiligst ins Haus am Heidenschuh 17. Emma Beckmann könnte nun doch in Gefahr sein, auch am helllichten Tag. Gontard fuhr so rasend schnell ums Eck, dass der Nachbar der Familie Tavernier, Franz Strieffler, dem Auto kopfschüttelnd hinterher sah.

Und das will ein ehemaliger Kripochef sein, dachte er. Die Polizei ist auch nicht mehr das, was sie mal war.

Und er goss ein wenig brummelnd seine Geranien.

26. Kapitel | Die Fremde

Emma Beckmann stand schon am Fenster und schaute besorgt zur Straße hin.

»Öffnen Sie niemand die Tür, bevor mein Kollege und ich nicht bei Ihnen sind.« Das hatte Herr Gontard ihr noch geraten, bevor er auflegte. Ja, sie schwebte in Gefahr und war sich dessen bewusst. Gut, dass sie die Nacht im Haus von Gontards Tochter Lilli Tavernier hatte verbringen dürfen. Kein Auge hätte sie hier in ihrem eigenen Haus zubekommen vor lauter Angst. Obwohl sie eher zur unerschrockenen Sorte Mensch gehörte: Ihr Wissen machte sie zur Zielscheibe von Angriffen.

Dumm, dass sie erst eben beim Zeitunglesen bemerkt hatte, dass sie eine weitere Beobachtung gemacht hatte, ohne es zu ahnen an jenem Abend. Da war die junge Frau abgebildet, die »wahrscheinlich durch einen Unglücksfall« an der Nikolauskapelle zu Tode gekommen war.

Dunkle Augen, dunkles Haar, sehr attraktiv, etwas zu sehr zurechtgemacht für meinen Geschmack, dachte Emma Beckmann.

Mit einem rot geschminkten Schneewittchen-Mund und gezupften, nachgemalten Augenbrauen. Die habe ich schon gesehen, war es durch ihren Kopf gegangen. Zum ersten Mal im Supermarkt in Niederzell und dann noch einmal, als sie aus der katholischen Kirche heraustrat. Eine dunkle Schönheit im gleißenden Sonnenlicht.

Emma Beckmann schaute noch mal das Foto in der Zeitung an.

Die habe ich nicht nur im Supermarkt und vor der Kirche gesehen, sondern an dem Abend, als ich aus dem Pfalzklinikum kam und unsere Lena besuchte, das arme Ding. Da war zuerst der junge Eichenlaub. Ich bin in mein Auto eingestiegen. Er hat mich nicht bemerkt, denn ich hatte hinter einer Hecke geparkt. Und dann, als ich an der Nikolauskapelle vorbei den kleinen Schleichweg hinunter zum Dorf fuhr, war da auf einmal die junge Frau mit den schwarzen Haaren, die aus dem Weinberg unterhalb des Wäldchens an der Burg Landeck heraustrat. Nicht so schnell wie der junge Mann, aber sie schlenderte auch nicht. Ich hab mir nichts gedacht dabei an dem Abend. Und dann bin ich ja nach Bad Ems gefahren, habe die beiden vergessen.

Emma Beckmann sah in ihren Vorgarten hinaus mit den herbstlichen Bauernblumen, den lila Zwergastern, den Dahlien in Rostrot und Orange und den letzten mannshohen Sonnenblumen.

Da kam ein Auto brausend in ihre Straße gefahren, hielt vor ihrem Haus. Sie atmete erleichtert auf. Es waren Herr Gontard und ein jüngerer stattlicher Mann mit rötlichblondem kurzem Haar und einem freundlichen Gesicht. Das war bestimmt der Kripochef Manfred Berberich. Er sah sehr nett aus. Emma Beckmann hatte schon vorsorglich Kaffee aufgesetzt. Sie bat die beiden Herren in ihr gemütliches Häuschen. Klein, aber mein, pflegte sie zu sagen.

Sie deutete auf das Foto in der Zeitung.

»Mir ist erst heute früh eingefallen, dass ich sie ja auch gesehen habe am Tag des Mordes an Schellhorn. Nicht nur den jungen Eichenlaub. Wie heißt sie noch mal. Halina Hajduk. Ja, ich bin mir sicher. Sie war es.«

Während sie ihre detaillierte Aussage machte, schauten sich Berberich und Gontard ab und zu ungläubig an. Einen solchen Glücksfall wie diese Zeugin hätten sie sich in ihren kühnsten Polizisten-Träumen nicht ausdenken können.

»Und nun, liebe Frau Beckmann, müssen wir Sie zu einer Gegenüberstellung mitnehmen. Keine Angst. Sie sind eine Zeugin, nichts weiter. Und Sie werden mit Ihrer Beobachtung, was Halina Hajduk betrifft, hinterm Berg halten müssen. Und David Eichenlaub muss ja nicht der Mörder sein. Nicht jeder, der aufbrausend und cholerisch ist, ist deshalb automatisch kriminell.«

Eine Stunde später saß David Eichenlaub der Zeugin Emma Beckmann gegenüber. Teresa Rosinski, die auch einbestellt worden war, blickte ratlos von einer Person zur anderen. Als sie die Schatulle gewahr wurde, die vor dem Kripochef auf dem breiten Schreibtisch stand, weiteten sich ihre Augen vor Entsetzen, und in ihrer typischen Art schlug sie beide Hände vors Gesicht.

David Eichenlaub saß wieder mit verschränkten Armen und verschlossener Miene bewegungslos da. Die Metamorphose vom Choleriker zum Phlegmatiker war erstaunlich mitanzusehen.

Und das Verhör begann.

27. Kapitel | Leidenschaften

Der Kripochef wandte sich freundlich an Emma Beckmann und bat sie, ihre Beobachtungen jenes Abends zu schildern, als Gottlieb Schellhorn ermordet worden war.

Die sonst so resolute und selbstbewusste Frau wirkte leicht verlegen, was sich auch in ihrer Körpersprache zeigte. Nicht so stattlich aufgerichtet wie sonst, sondern leicht gebückt saß sie vor den beiden Kriminologen.

»Ich werde alles so erzählen, wie ich es gesehen habe. Ganz sachlich, ohne es zu bewerten.«

Letzteres sagte sie mit einem Blick zu David Eichenlaub hin.

Es klang beinahe entschuldigend.

Als Emma Beckmann zu der Stelle kam, wo sie den jungen Mann, den sie eindeutig als David Eichenlaub erkannt hatte, aus dem Wald rennen sah, starrte Teresa mit weit aufgerissenen Augen zu ihrem Geliebten hin.

Doch es kam noch schlimmer. Bei der Beschreibung der jungen dunkelhaarigen Frau, die bald darauf ebenfalls von Emma Beckmann erkannt worden war, schrie Teresa auf wie ein verwundetes Tier. Sie wollte auf David Eichenlaub zu rennen, und man sah ihr an, dass sie zum Äußersten bereit war: »Verräter. Ich hätte es merken müssen. Du und sie. Ich habe etwas geahnt, aber ich wollte es einfach nicht wahrhaben.«

»Es ist nicht so, wie du denkst, Teresa. Die andere … es war alles ganz anders!«

Der Choleriker gewann wieder die Oberhand über den Phlegmatiker, als er schrie: »Wie kannst du nur denken, dass ich ... mit dieser ...«

Er rang nach Worten, fuhr fort: »Ich habe das für dich getan. Für dich und für deine Familie.«

Nun war der Augenblick gekommen, und der Kripochef hakte nach: »Haben Sie mal reingeguckt in diese Schatulle?«

»Wieso? Was soll ich damit?«

»Da sind viele Souvenirs drin. Souvenirs eines alten frommen Herrn aus braunen Tagen. Das ist der Schatz von Gottlieb Schellhorn, der mehr als ein angepasster brauner Gottesmann war.«

Er machte eine Kunstpause.

»Und wenn schon? Was geht mich das alles an? Das ist vor 60 Jahren und mehr gewesen, dieser ganze Nazi-Kram. Und ich bin jung und froh darüber, dass ich damals noch nicht gelebt habe.«

Manfred Berberich reichte David Eichenlaub das vergilbte Foto, auf dem eine junge Frau und ein kleiner Junge dargestellt waren.

»Hier, Herr Eichenlaub, das ist ein Foto aus einer Zeit vor Ihrer Geburt. Es stellt Kazimira und Józef Hajduk dar. Das ist die Großmutter von Halina Hajduk gewesen mit ihrem kleinen Sohn, der später Halinas Vater wurde. Herr Gontard und ich sind fest davon überzeugt, dass Sie dieses Foto kennen.«

Ein kurzer Blickaustausch zwischen den beiden Kriminologen sprach Bände, unbemerkt von David Eichenlaub, der aschfahl geworden war.

Gontard und Berberich erwarteten hartnäckiges Schweigen oder zumindest Leugnen seitens des Angesprochenen. Aber es geschah etwas Unerwartetes.

David Eichenlaub schien nach Luft zu ringen, er fasste sich an die Kehle, dann rief er hastig aus: »Wieso die Großmutter von Halina Hajduk? Das sind doch Großmutter und Vater von Teresa? Das hat Halina doch gesagt!«

Manfred Berberich schob Teresa das Foto über den Schreibtisch.

»Sagen Sie selbst, ob das Ihr Vater als Kind ist. Und Ihre Großmutter als junge Frau.«

»Aber nein, das sind Halinas Verwandte. Sie hat die beiden doch erkannt, als wir …«, und hier zögerte sie betreten, »… auf die Kiste gestoßen sind. Wir haben geahnt, dass der alte Mann etwas zu tun hatte mit einem Verbrechen. Einem Verbrechen an den beiden. Aber wir haben geschworen, stillzuschweigen, bis wir Beweise hätten.«

»Und Halina ist zu Ihnen gegangen, Herr Eichenlaub, und hat Sie um einen Gefallen gebeten. Ist das richtig? Um einen Gefallen Teresa zuliebe, nicht ihr zuliebe. Denn Halina zuliebe hätten Sie nie etwas riskiert. Aber für Teresa hätten Sie alles getan. Und letztendlich haben Sie für Halina gemordet, im Irrglauben, es für Teresa getan zu haben.«

Nun brach es aus Teresa Rosinski hervor: ihr Zweifeln an Davids Liebe. Ihre Reue, David verdächtigt zu haben, sie mit ihrer Freundin betrogen zu haben. Ihr Schmerz, dass nun alles verloren war.

Sie war nicht zu beruhigen, und wie eine Besessene sprang sie von ihrem Stuhl hoch, lief zu Emma Beckmann hin: »Sie sind an allem schuld. Sie haben David verraten. Wegen Ihnen ist er nun hier und muss ins Gefängnis.«

David Eichenlaub erhob sich, ging zu Teresa hin, nahm sie in die Arme, und nun erst beruhigte sie sich.

»Sie hat keine Schuld. Sie hat mich gesehen, und sie hat auch Halina gesehen. Es ist die Wahrheit, und es hat keinen Zweck mehr, länger zu leugnen.«

Und nun erzählte er, dass an dem Mittag des Mordes an Gottlieb Schellhorn Teresa zu ihm in den Weinberg gekommen war, weinend, weil der alte Mann sie beschimpft und gedemütigt hatte.

Dann hatten sie sich getrennt, denn Teresa wollte alles ihrer Freundin erzählen. Dort war sie unruhig geworden und bekam ein schlechtes Gewissen. Sie fand die Wohnung von Gottlieb Schellhorn leer und suchte den alten Mann überall.

»Ich weiß nicht, warum ich zur Burg hochging, bevor ich mich auf den Weg nachhause machte. Vielleicht kommt es daher, dass Teresa mir einmal gesagt hat, dass der Alte schon einmal ausgerückt und zur Burg hochgegangen war. Und da saß er auf der Bank. Ich sprach ihn an, wollte ihn zur Rede stellen wegen seiner Unflätigkeiten gegen Teresa. Er sprach schreckliche Worte aus gegen Polacken und Untermenschen. Gegen Teresa und Kazimira. Ja er nannte den Namen Kazimira, deren Foto mir Halina gezeigt hat. Und ich dachte, Kazimira sei die Großmutter von Teresa, die er ins KZ gebracht hat. Für deren Tod er verantwortlich war. Es war die Ähnlichkeit. Kazimira sah ein bisschen aus wie Teresa. Teresa hätte eher die Enkelin von Kazimira sein können als Halina. Und ich rastete aus. Ich hatte das Winzermesser einstecken und stach zu. Dann rannte ich den Berg hinunter, warf das Messer hinter der Kapelle ins Gras. Nur weg, dachte ich. Ich habe nicht gemerkt, dass mich diese Frau dort drüben gesehen hat. Und die andere. Halina.«

»Sie ist Ihnen gefolgt und hat alles beobachtet. Und sie hat Sie erpresst. Stimmt's?«

»Ja, aber sie hat kein Geld verlangt. Sie wollte mich.«

Er pausierte.

»Sie hat mich nicht bekommen, Teresa, glaub mir.«

Flehend schaute er zu der blonden jungen Frau hinüber, für die er durchs Feuer gegangen wäre.

»Zum Schein ging ich auf das Rendezvous an der Kapelle ein. Sie hat gesagt, dass sie mich gesehen hat, dass ich sie nun lieben müsse, denn sie habe mich ja in der Hand. Ich bin zum Schein auf alles eingegangen. Sie war ganz selig vor Glück. Und wir sind aufs Gerüst gestiegen, so zum Spaß. Wie Verliebte halt verrückte Dinge tun. Ich habe eine Weile mitgespielt, doch dann habe ich ihr gesagt, dass alles Lüge war. Ich liebte sie nicht, liebte nur Teresa. Sie wurde ganz böse, hat gedroht, sich vom Gerüst zu stürzen. Ich wollte sie zurückhalten. Ich hielt ihr den Mund zu. Ich wollte sie nicht töten, irgendwie wollte ich nur, dass sie schwieg. Und dann glitt sie aus, sie hatte diese hochhackigen Schuhe an.«

Fast tonlos fuhr er fort: »Ich war fassungslos, als sie tot unten im Gras lag. Ich bin einfach weggerannt. Ich hatte solche Angst, dass man diesen zweiten Tod mit dem ersten in Verbindung bringen würde. Und mit mir ...«

Er war unfähig, weiterzusprechen.

Willenlos ließ er sich abführen.

An der Tür warf er einen Blick zurück auf Teresa. Sie stand einfach nur stumm da. Ihr Gesicht war zur Maske erstarrt. Die sonst so leidenschaftliche junge Frau wirkte wie eine lebendige Tote.

»Kommen Sie«, sagte Gontard.

Sie löste sich plötzlich aus ihrer unheimlichen Starre und sagte ganz sachlich: »Morgen darf ich endlich nachhause.«

Als Gontard die junge Frau bei Familie Schneider abgeliefert und dafür gesorgt hatte, dass Dietgard Lagné die Rückreise nach Polen mit dem Touringbus organisieren würde, trat er den schweren Gang zu David Eichenlaubs Eltern an. Dort erwähnte er die Namen von Emma Beckmann und Theodor Frieling, den wertvollsten Zeugen in den beiden Mordfällen.

Horst Eichenlaub ergriff wortlos die Hand seiner Frau Anita und sagte: »Wir müssen jetzt zusammenstehen. Wir sind doch eine Familie.«

Anita Eichenlaub aber stieß bitter hervor: »Die Fremden. Die fremden Frauen, die haben nur Unglück über unsere Familie gebracht. Damals und heute.«

Bei diesen Worten stand der Onkel, Alfons Eichenlaub, auf und verließ den Raum. Er beschloss, am nächsten Tag einen Besuch zu machen, den er sich schon lange vorgenommen hatte.

28. Kapitel | Noch einmal Theodor Frieling

Alfons Eichenlaub nahm nicht den Aufzug, sondern die Treppe. Er war doch kein Tattergreis. Erst 72 und kerngesund. Ein pfälzischer Winzer von echtem Schrot und Korn.

Er wich einer Pflegerin aus, die eine Heiminsassin im Rollstuhl vor sich herschob. Daran wollte er gar nicht denken. Nur nie so etwas. Dann lieber vorher sterben. Aber man konnte es sich ja nicht aussuchen.

Er stand vor der Wohnung Nummer 308 und drückte den Klingelknopf. Theodor Frieling blickte den stämmigen Mann mit der gebräunten Haut, der da vor ihm stand, erstaunt an.

»Mit wem habe ich die Ehre?«, fragte er höflich, wie es so seine Art war.

»Ich war jünger damals«, sagte der mysteriöse Besucher. »Ich war fast noch ein Kind. 14 Jahre alt. Das war 1944.«

»Kommen Sie nur herein. Ich weiß zwar immer noch nicht, wer Sie sind, aber ich kann mir denken, worum es geht. Ich habe die Zeit nicht vergessen.«

»Alfons Eichenlaub«, murmelte der Besucher. »Der Nachbarsbub von Zinkgräfs.«

Ein Bub ist er noch immer, dachte Theodor Frieling. Wenn auch ein alter Bub. Ein Bild tauchte aus der Erinnerung hoch: ein Hitlerjunge auf staksigen Beinen, den Kopf immer gesenkt, ein »Verdruckster«, wie man so sagte. Ja, da war ihnen damals so ein Bub gefolgt, sie hatten sich nichts weiter dabei gedacht, Kazimira und er.

Der Besucher trat ein, nahm Platz in einem gemütlichen Sessel. Er fühlte sich sichtlich unwohl, strich das Tischtuch glatt mit nervösen Fingern. Es war eine kunstvoll gestickte Handarbeit, das Abschiedsgeschenk einer Frau aus Theodor Frielings letzter Gemeinde.

Theodor Frieling bot dem Gast einen Tee an, doch der wehrte ab. Oh nein, er trinke nur seinen eigenen Hauswein, meinte er. Tee sei doch eher was für »die Weibsleut«.

Theodor Frieling musste dabei leicht schmunzeln.

Er kam gleich zur Sache, der seltsame Besucher: »Ich war der Bub damals, der Sie verpfiffen hat, Herr Pfarrer. Sie und das polnische Mädchen. Und es tut mir leid.«

Er zwirbelte nervös an den Fransen des Tischtuchs.

»Ich hätt' mir manchmal gewünscht, katholisch zu sein. Wir Protestanten müssen leben mit unserer Schuld. Müssen auf Vergebung warten vom lieben Gott. Oder von denen, die durch uns zu Schaden gekommen sind.«

»Ja«, griff Theodor Frieling den Gedanken auf. »Die Katholiken haben es da leichter. Sie beichten, und ihre Sünden sind ihnen vergeben. Aber wir Protestanten müssen auf Gnade warten. Da gilt nicht das Geld, das im Kasten klingt.«

»Oh ja, das weiß ich noch vom Konfirmandenunterricht, wir haben es ja oft genug gehört: *Wenn das Geld im Kasten klingt, die Seele in den Himmel springt.*«

Seine Verlegenheit war verflogen, und er wurde gesprächig: »Mein Bruder, der Otto, war verrückt nach dem polnischen Mädchen. Und dann verrückt vor Wut und Hass. Er hat mir Geld gegeben, wenn ich Ihnen beiden folge. Hat mir ein Motorrad versprochen. Für nach dem Endsieg. Nach dem Krieg, meine ich. Mein Motorrad hab ich nicht bekommen. Der Otto ist im Krieg geblieben.«

»Ja, wir sind alle schuldig geworden«, sagte Theodor Frieling.

»Auch ich. Ich habe das Mädchen nicht retten können. Das Kind ist dann gerettet worden, wie ich mittlerweile weiß, aber ohne meine Hilfe. Das hat ein katholischer Priester getan.«

»Ich hab zuerst gedacht, die Blonde, die Teresa, sei die Enkelin. Der gleiche blonde Typ. Aber dann hab ich in der Halina den kleinen Bub wiedererkannt. Das Kind von der Kazimira. Den späteren Vater von Halina. So klein der Bub war, er hat den gleichen Blick gehabt wie die Schwarzhaarige.«

»Ein schreckliches Ende für die junge Frau. Ein schreckliches Ende auch für Gottlieb Schellhorn. Ich habe ihm vergeben.«

»Und mir, vergeben Sie mir auch, Herr Pfarrer?«

»Sie waren ein Kind. Verblendet. Wie könnte ich Ihnen nicht vergeben?«

»Das Herbsten fängt heute an«, sagte der seltsame Besucher abrupt. »Ich muss heim. Und auf dem Hof fehlt eine wichtige Arbeitskraft.«

Beim Hinausgehen sagte er: »Mein Neffe, der David, ist kein schlechter Mensch. Und wissen Sie, was ich damals von dem Schellhorn bekommen hab' dafür, dass ich das Mädchen und Sie verpfiffen hab'?«

Theodor zuckte mit der Schulter.

»Vergelt's Gott, hat er gesagt, und er hat mir eins von diesen Nazi-Abzeichen in die Hand gedrückt. Ich hab es damals für einen Schatz gehalten. Es war aus Blech, mit einem Hakenkreuz-Band dran.«

»Ja, er wäre nicht der erste von den geizigen Frommen, die alles mit einem billigen Vergelt's Gott regeln«, sagte Theodor Frieling.

Gestützt auf seinen Stock, ging er zu seinem Balkon und winkte nach unten, wo Alfons Eichenlaub in seinen alten Polo einstieg.

Er schaute in die Ferne auf die Silhouette der Haardt, wo man die Burg Landeck aus den Bäumen ragen sah.

Die feste Burg.

29. Kapitel | Eine Madonna

»Engelein, Engelein, fliiieeeg«, riefen Anna und Friedrich Gontard wie aus einem Mund, zwischen sich den kleinen Enkelsohn, dessen rotblondes Lockenhaar leicht kupfern in der Oktobersonne leuchtete.

»Unser kleiner Putto«, lachte Anna.

Der kleine Putto fing an zu heulen. Er hatte genug vom Engelchen-Spielen, denn er hatte die Glocke des Eismanns gehört.

Fredi war nun für eine Woche bei den Großeltern im Odenwald, und eine der Attraktionen von Hohenkirch neben den Kühen und Kälbchen, Pferden und Hühnern auf dem benachbarten Bauernhof war der Wagen des Eismanns, der zweimal die Woche durch die Dorfstraße fuhr.

Lilli und Fabrice Tavernier waren zu einem Kurzurlaub nach Paris geflogen. Ein paar Tage Eltern-Auszeit in Lillis Herbstferien mit Kultur und Großstadtleben. Mit Museumsbesuchen, Theater- und Konzertvorstellungen, shoppen und gutem Essen in der Stadt der Liebe. Frischzellen auch für die Beziehung der jungen Eltern. Eine Beziehung, die durch das quirlige Kind und das anstrengende Berufsleben der beiden in letzter Zeit ziemlich auf die Probe gestellt wurde.

Nachdem Fredis Eiswunsch erfüllt worden war, schlug Gontard vor, mal über den Antikmarkt im Viernheimer Rhein-Neckar-Zentrum zu schlendern.

Oje, dachte Anna. In letzter Zeit endeten diese Schlender-Touren meist damit, dass ihr Mann, der Antiquitätenexperte, frustriert feststellte, dass nur noch »Ramsch und Minderwertiges« angeboten werde. Ob Fredi geduldig mitmachen würde?

Eine halbe Stunde später schob sie den Kleinen in seinem Kinderwagen durch die Gänge des Einkaufszentrums, in dem der Antikmarkt stattfand. Gontard war schon am nächsten Stand, als Fredi auf einmal rief: »Mama und Baby«, und als zweisprachig erzogenes Kind kam das Französische gleich hinterher: »*Maman et bébé.*«

Er deutete auf eine Holzfigur, die, halb verborgen durch die Tischdecke aus weinrotem schwerem Samt, unter dem Tisch eines Antikstandes hervorlugte. »Mama, Baby«, rief er noch mal.

»Friedrich, komm mal her. Guck mal, Fredi hat was entdeckt.«

Annas Rufen klang aufgeregt. Sie hatte all die Jahre an der Seite ihres Mannes ein ganz gutes Gefühl dafür bekommen, was echt und was unecht war. Und dies hier schien ihr eine barocke Madonnen-Figur zu sein. »Aus der Zeit«, wie man in Fachkreisen sagt. Nichts Nachgemachtes.

Gontard bückte sich und richtete sich etwas ächzend auf. Er dachte: Das ist ja unglaublich. Hat mein Enkel etwa meine Sammlergene geerbt?

Der Händler, der so Mitte 30 war, hatte sich schon neben ihm aufgepflanzt und räusperte sich.

»Die Figur ist schon verkauft.«

Der Händler log schlecht.

Die Madonna, wundervoll geschnitzt und original bemalt, mit einem innigen Gesichtsausdruck und einem besonders herzigen Jesuskind auf dem Arm, kam Gontard ziemlich bekannt vor.

»Das ist Hehlerware, wissen Sie das? Die Figur ist in den siebziger Jahren gestohlen worden«, sagte er zu dem verblüfften Händler. »Aus einer Kapelle in der Südpfalz.«

»Damals hab ich ja noch in den Windeln gelegen«, erwiderte der junge Mann.

»Niemand sagt, dass Sie mit dem Diebstahl was zu tun hatten. Aber die Madonna ist trotzdem Diebesgut und noch oder wieder im Umlauf. Und Sie sind der Hehler. Unbeabsichtigt oder nicht.«

Gut, dass er noch seinen alten Dienstausweis von der Kripo hatte, den er nun dem jungen Händler zeigte.

Der war kreidebleich geworden und gab an, dass er die Statue selbst für teures Geld beim Bamberger Antikmarkt erstanden hatte. Für 2000 DM vor zwei Jahren, wie er angab.

»Und wie viel müsste ich heute für die Madonna an Euro zahlen?«, fragte Gontard. »Für eine zwar nicht von Ihnen gestohlene, aber eine dennoch gestohlene Madonna. Wären 200 Euro in Ordnung?«

Wie scheinheilig mein Mann sein kann, wenn ihn die Sammelleidenschaft packt, dachte Anna amüsiert.

»Sind Sie verrückt? Da hab ich ja einen Verlust von …«

»Wissen Sie was? Noch besser: Sie geben mir die gestohlene Figur und 200 Euro dazu, und es gibt keine Anzeige meinerseits. Für den Verkauf von Hehlerware gibt es nämlich saftige Geldbußen.«

Mürrisch fügte sich der junge Mann in sein Schicksal. Er packte die wertvolle Figur sorgfältig in Zeitungspapier und reichte sie Anna Gontard, die sie in einer großen Tasche am Kinderwagen verstaute. Er holte widerwillig zwei Hundert-Euro-Scheine aus seiner Kasse und reichte sie Gontard, der das Geld mit unbeweglicher Miene entgegennahm.

In dem Moment ertönte ein Scheppern. Fredi hatte ein Bärchen mit einer hellblauen Satinschleife auf dem Nachbarstand entdeckt und es vom Tisch holen wollen. Unglücklicherweise stand vor dem Steifftierchen eine Tasse mit Untertasse, die auf den Steinfliesen des Einkaufszentrums zerschellte.

»Eine Frankenthaler Tasse aus dem 18. Jahrhundert war das«, rief die Händlerin wehklagend.

»Aber ich habe vorhin schon gesehen, dass sie schlecht restauriert war. Mit einer ganz plumpen Klammer«, sagte Gontard. »Was wollten Sie dafür?«

Bevor sie einen Preis nennen konnte, gab Gontard ihr die beiden Scheine, die er von dem jungen Händler bekommen hatte. Dieser hatte voller Schadenfreude die Szene beobachtet.

»In dem Preis ist freilich das Steifftier für meinen Enkel drin«, sagte Friedrich Gontard mit Unschuldsmiene.

Die Händlerin verzog ein wenig das Gesicht, während sie dem vor Freude strahlenden Kind das Bärchen in die Hand drückte.

»Ist das die Belohnung dafür, dass er die Tasse kaputt gemacht hat?«, wunderte sich Anna. »Was ist das für eine Pädagogik?«

»Nein, ich will Fredi nur früh daran gewöhnen, sich für schöne alte Dinge zu interessieren«, entgegnete Gontard. »Nachwuchs in der Branche ist bitter nötig.«

»Wo stellen wir die Madonna eigentlich hin?«, wollte Anna wissen. »Wir haben doch keinen Platz mehr.«

»Die Madonna bekommt die Gemeinde Klingenmünster.«

»Warum das?«, fragte sie voller Erstaunen.

»Weil es die Madonna ist, die vor 30 Jahren aus der Nikolauskapelle gestohlen wurde. Rückführung von Diebesgut nennt man das.«

Anna Gontard ließ nicht locker: »Und wie nennt man die dubiose Transaktion mit den 200 Euro, die du dem Händler abgeknöpft hast?«

»Die nennt man Beschaffen von Finderlohn, aber es wurde ja nichts draus: wie gewonnen, so zerronnen. Sie waren für Fredis Spardose vorgesehen. Er hat ja immerhin die Madonna entdeckt.«

»Engelein flieg«, bettelte Fredi, als er mit seinen Großeltern zusammen den Antikmarkt verließ.

Anna und Friedrich Gontard nahmen den kleinen Putto in ihre Mitte und schwangen das fröhlich jauchzende Kind hoch in die Lüfte.

Bibliographie

Folgende Bücher und Schriften waren mir hilfreich:
- Richard Friedenthal, Luther – Sein Leben und seine Zeit, Piper 1982
- Arnulf Zitelmann, »Widerrufen kann ich nicht«, die Lebensgeschichte des Martin Luther, Beltz und Gelberg 1984
- Andreas Kuhn und Gabriele Stüber, Lutherbilder aus sechs Jahrhunderten, Verlag Regionalkultur 2016
- Picker/Stüber/Bümlein/Hofmann (Hrsg.), Protestanten ohne Protest – Die evangelische Kirche der Pfalz im Nationalsozialismus (Band 1 und Band 2), ev. Verlagsanstalt Leipzig 2016
- Deutsches Historisches Museum (Hrsg.), Leben nach Luther – Eine Kulturgeschichte des ev. Pfarrhauses, 2013
- Paul de Lagarde, Nationale Religion, Diederichsverlag Jena 1934
- HB-Bildatlas Polen 1997

Die Autorin dankt Joanna Cappiello für den Text des polnischen Kinderlieds.

Lilo Beil

Lilo Beil wurde im südpfälzischen Klingenmünster geboren. Die Pfarrerstochter verbrachte Kindheit und Jugend in Dielkirchen bei Rockenhausen und in Winden bei Landau. Ab 1966 studierte sie in Heidelberg Romanistik und Anglistik. Sie unterrichtete von 1972 bis Januar 2008 an der Martin-Luther-Schule in Rimbach bei Heppenheim an der Bergstraße. Die Autorin hat drei erwachsene Töchter und lebt mit Mann und Hund im vorderen Odenwald.

Seit frühester Jugend interessierte sich Lilo Beil für Literatur und Kunst. Ihr liegt, sagt sie, das Satirische, aber es finden sich in ihren Geschichten genauso romantische und nostalgische Elemente, Spannungsmomente und die kritische Auseinandersetzung mit Geschichte und Gesellschaft. Gelobt wird außerdem immer wieder die klare, sorgfältige Sprache.

1997 erschien »Maikäfersommer – Eine Pfälzer Kindheit in den 50er Jahren« im Verlag Pfälzer Kunst/Dr. Blinn. Weitere Erfolge wie die Aufnahme ihrer Kurzgeschichte »Der Nussknacker« in eine Anthologie des Rowohlt-Verlages ermutigten Lilo Beil. 1999 veröffentlichte sie unter dem Titel »Sonnenblumenreise« Geschichten für Reisende und Nichtreisende; 2002 folgte der Krimiband

»Heute kein Spaziergang. 43 Krimigeschichten«. 2005 erschien ihre Geschichtensammlung »Schattenzeit«. 2006 folgte eine zweite Ausgabe »Maikäfersommer und andere Geschichten aus Pfalz und Kurpfalz« in der Edition Tintenfaß. 2010 erschien die erweiterte Taschenbuchausgabe »Maikäfersommer – Kindheitsgeschichten« im Conte Verlag. Kommissar Gontard ermittelte erstmals 2007 in »Gottes Mühlen«, 2008 und 2009 folgten »Das Licht unterm Scheffel« und »Die schlafenden Hunde«, 2011 »Die Nacht der grauen Katzen«, 2012 »Die Mauern des Schweigens«, 2014 »Das gläserne Glück« und 2015 »Die Reise des Engels«. 2010 erschien der Non-Gontard »Die Kinder im Brunnen« und 2013 »Mord auf vier Pfoten – 22 tierische Krimigeschichten«. Zuletzt erschien 2016 der Krimi »Vielleicht auch träumen«. Im Übrigen beteiligt sich Lilo Beil an zahlreichen Anthologien mit Kurzprosa – Krimis und Nicht-Krimis gleichermaßen. So ist sie in mittlerweile dreizehn Anthologien des Wellhöfer Verlages vertreten.

Lilo Beils Krimis im Conte Verlag

Lilo Beil
Gottes Mühlen

Kommissar Gontards erster Fall

184 Seiten
ISBN 978-3-936950-49-6
9,90 €

»*Kein schonungsloser Nervenkitzel, sondern intelligente Spannung, die zum Nachdenken anregt, weit über Ort und Zeit hinweg.*«
Bonner General-Anzeiger

Lilo Beil
Das Licht unterm Scheffel

Kommissar Gontards zweiter Fall

178 Seiten
ISBN 978-3-936950-72-4
9,90 €

»*Intelligenter Krimi mit außergewöhnlicher Handlung*«
Odenwälder Zeitung

Lilo Beils Krimis im Conte Verlag

Lilo Beil
Die schlafenden Hunde
Kommissar Gontards dritter Fall

194 Seiten
ISBN 978-3-936950-87-8
9,90 €

Ein Kriminalroman, den man schon nach den ersten Zeilen nur noch schwer aus der Hand legen kann.
Weinheimer Nachrichten / Odenwälder Zeitung

Lilo Beil
Die Nacht der grauen Katzen
Kommissar Gontards vierter Fall

202 Seiten
ISBN 978-3-941657-28-1
11,90 €

Die Autorin wagt, was viele umgehen oder verharmlosen: die direkte Auseinandersetzung mit den Täterinnen und Tätern der Nazizeit.
Neue Wetzlarer Zeitung

Lilo Beils Krimis im Conte Verlag

Lilo Beil
*Die Mauern
des Schweigens*
Kommissar Gontards fünfter Fall

210 Seiten
ISBN 978-3-941657-60-1
11,90 €

»Trotz des hohen Unterhaltungswerts steht die Botschaft des Buches deutlich im Raum. Geschieht Unrecht, gilt es, ›Die Mauern des Schweigens‹ zu durchbrechen.« Die Rheinpfalz

Lilo Beil
*Die Kinder
im Brunnen*

204 Seiten
ISBN 978-3-941657-10-6
11,90 €

Dieser packende und bis zum Schluss spannende Krimi geht unter die Haut.
Marburger Neue Zeitung

Lilo Beils Krimis im Conte Verlag

Lilo Beil
Das gläserne Glück

252 Seiten
ISBN 978-3-95602-012-4
11,90 €

Es ist wie meistens bei dieser Autorin, man liest einen unterhaltsamen, lebensklugen Krimi, die besondere Note gibt dem Buch aber erst die kritisch reflektierte Zeitgeschichte.
Mannheimer Morgen

Lilo Beil
Die Reise des Engels

200 Seiten
ISBN 978-3-95602-054-4
11,90 €

Beil verknüpft in diesem Krimi das Kolorit von drei Epochen zu einer gelungenen Mischung aus Spannung und Zeitgemälde.
Weinheimer Nachrichten

Lilo Beils Krimis im Conte Verlag

Lilo Beil
Vielleicht auch träumen

170 Seiten
ISBN 978-3-95602-086-5
11,90 €

Einmal mehr stellt die Schriftstellerin in ihrem neuen Roman ihr besonderes Gespür für die Menschen und ihre Eigenarten unter Beweis.
Rhein-Neckar-Zeitung

Lilo Beil
Mord auf vier Pfoten

218 Seiten
ISBN 978-3-941657-88-5
11,90 €

Zweiundzwanzig tierisch-köstliche Fälle serviert die Autorin dem Leser auf dem Silbertablett.[...] Ein Lesespaß für alle Zweibeiner, die ihre Vierbeiner bisher immer unterschätzt haben. Ideal zum Selberlesen und Verschenken. auserlesen.de

Besuchen Sie uns im Internet:
www.conte-verlag.de